市民跑者之王

波士頓馬拉松冠軍川內優輝打破常識的跑步訓練法

津田誠一——著
賴惠鈴——譯

推薦序

市民跑者的訓練哲學：享受跑步的樂趣

許立杰（二〇一八波馬台灣最速跑者）

我們何其有幸，身處於他活躍的年代。

他不是日本最快的跑者，卻一再佔據新聞版面；生涯迄今累積超過八十次全馬跑進兩小時二十分大關，創造了金氏世界紀錄，而且仍在往生涯一百次「SUB 220」的路上持續奮鬥著；他以獨特的方式走出了僅屬於自己的跑者之道，而作為世界上最著名的跑者之一，每當他被提起，每個人都有各自的解讀，例如：「市民跑者之王」、「一生懸命」、「現狀打破」。可是對我來說能代表他的詞就只有一個，而無需多餘的解釋或陪襯，那就是他的名字——川內優輝。

說也湊巧，在我至今參加的馬拉松賽事中，有三場比賽居然就是與川內同場，分別是二〇一五年指宿油菜花馬拉松，二〇一八年波士頓馬拉松，以及同年的芝加哥馬拉松。而我更是有機會近距離觀賞到他在二〇一八年的波士頓馬拉松奪冠的壯舉，使之成為一九八七年瀨古利彥之後首位日本冠軍。

這年的波士頓馬拉松是數十年來天況最惡劣的一次。比賽前一天我走在波士頓公立圖書館前 Boylston 街上，如往常進行賽前的意象訓練。周圍擠滿了穿著各色夾克的馬拉松跑者，興沖沖地跟兩層樓高的終點線看台合影。這是我連續第二年來到這裡，一面走著、一面在心底默念：「跑到這個轉角，就可以看到終點了喔；經過這家商店，就可以展開最後衝刺；這邊的看台明天應該會人滿為患吧，好期待再次回到這裡的那個時刻。」

突然冷風刮來，讓人不由自主拉緊了衣襟。天空中斗大的雨珠緩緩飄落在臉頰上、一陣冰涼直透肌膚，才發現那一顆顆的冰珠居然是雪。在麻薩諸塞州的四月，春天是來得有點遲，而這陣小雪，無疑是為隔天的比賽蒙上一層陰影。隔日的天氣也絲毫沒有好轉的跡象，比賽溫度是攝氏五度、全程逆風豪雨，體感溫度始終在攝氏零度以下。這是我唯一一次裹著三層衣服並戴著手套跑完全程的比賽，據報導有超過一千名跑者進入了醫護站求援。

當我通過了終點線，裹著防風毯依舊瑟瑟發抖著，向經過的路人詢問：「今天誰贏了？」而他們回答：「Kawauchi」時，我簡直難以置信！不過仔細想了想，卻又不禁笑了。要說誰能在這種惡劣的環境下咬住配速、打死不退堅持到底，那除了每次過終點必倒下的川內優輝之外，還能有其他人嗎？川內在淒風苦雨中的波士頓異軍突起，打敗了美國、肯亞的一干好手獲得冠軍。賽後記者訪問，川內一臉疲憊，口裡卻難掩自信與歡愉，說道：「沒有人相信我今天會勝出吧！」

與很多大家熟知的日本長跑明星相比，川內優輝其實是屬於大器晚成型的選手。日本的長跑運動員養成源遠流長，能在其中脫穎而出的無非是一等一的菁

序

打破常識的川內訓練法

高強度的練習一週只要兩次？

川內優輝是有名的「公務員跑者」（埼玉縣政府），也是我在學習院大學擔任田徑社教練時的學生。

不管是當時還是現在，我指導的練習法是每週只練習兩次，以強化跑步能力的「重點（強化）練習」為主軸，其他幾天基本上都是以消除疲勞的前提來安排慢跑等簡單內容。

說得更具體一點，我會在一週的中間，例如星期三安排「速度練習」（間歇跑[1]或配速跑）、在星期六進行「長跑」（LSD[2]，二十到三十公里）。週日如果有正式比賽，要刷新自己的紀錄的話，則必須調整星期六的LSD；即使沒有安排正式比賽，也要參加一般比賽用來代替LSD……這部分跟一般教練比較不一樣。

總而言之，週三、六的重點練習是我的練習法主軸。

雖說那兩次是集中注意力、強化跑步能力的重點練習，但不管是速度練習還是LSD，我都不會設定太快的速度，反而是配合每個選手的跑步能力，稍微降低配速。

我的練習法是以「跑步的速度並不是咬緊牙關拚命練習就會變快」為基礎。稍後會再仔細說明，重點在於跑者要熟知自己「最慢的速度」。

最慢的速度是指比賽時再怎麼痛苦，也不會再降下來的跑步速度。如何提升這個最慢的速度正是我讓選手練習的目的，也是讓馬拉松跑者變得更強的重點。

1 間歇訓練是高強度運動（速度快）與休息（慢速）交替進行的訓練模式，有助於提高跑速。
2 重點練習中的長跑稱為LSD(Long Slow Distance)，就是以較慢的速度跑長一點的距離，對於訓練耐力有正面幫助。

為了提升最慢的速度，重點在於速度練習及長LSD都必須從一開始就保持固定的速度跑到最後。

為此，練習的時候必須把意識放在「跑步的跑姿不能亂掉」、「要保護膝蓋」上。關於這兩點，後面會再詳細說明。

別太努力、享受跑步的樂趣

除了週三、六的重點練習以外，週一要休息、週二、四、五、日則是慢跑。這幾天刻意不指定慢跑的距離，基本上以消除疲勞為目的，因此只要以緩慢的速度跑個三十分鐘或六十分鐘即可。

慢跑的時間請與自己的身體討論後再行增減，反覆地自問自答也很重要，像這樣在錯誤中摸索有助於激發跑者的潛力。上班族也好、馬拉松跑者也罷，光「聽上級指示」是不會進步的。

透過我的練習法，川內大學畢業後成了眾所矚目的「公務員跑者」，在業餘跑者中也掀起話題，人稱「川內練習法」。

如果是實業團選手[3]，有好的練習環境，每個月練習量跑到一千公里以上亦不足為奇。然而，川內身為公務員，要上整天班，練習時間極為有限，每個月的跑步距離頂多只有六百公里左右，但依舊打敗實業團選手，所以才備受矚目。

我的練習法是以「別太努力」、「享受跑步的樂趣」為宗旨。我也經常提醒川內「不要太拚、不要太拚」。

川內大學畢業後也以我的練習法為基礎，不斷交出漂亮的成績單，但他剛進學習院大學田徑社的時候，對我的指導法其實充滿懷疑。這樣的川內是如何實踐我的練習法，變得更厲害呢？以下先從揭曉這一點開始。

3 由企業員工組成的運動社團，選手皆為正式員工，享有員工待遇，平常也要上班，但工作內容是以練習、準備比賽為主。屬於公司內部組織，活動經費概由公司負擔。

第二章　川內如何成為學習院大學第一位箱根跑者？

第三章　不做過度提升速度的訓練

第四章　張馳有度的練習

第一章

川內優輝的起點

進入與箱根驛傳無緣的學習院大學

川內出身自接力賽的強校「埼玉縣立春日部東高中」田徑社。高中時代的川內原本是平凡的選手，五千公尺的紀錄只有十五分〇八秒，當時高中生最快的紀錄為十三分三十九秒，對於如今活躍於日本男子馬拉松界第一線的川內而言，這個紀錄的確不出色。

因為如此，有能力參加箱根驛傳[4]正賽的大學，沒有一所向川內伸出橄欖

4 日語全名為「東京箱根間往復大學駅伝競走」。驛傳就是長程的接力賽，箱根驛傳僅限關東地區的大學隊伍參加，每年只有二十隊。舉辦日期為每年的一月二日到三日，由日本馬拉松之父金栗四三等人於一九二〇年所創辦，是歷史相當悠久，地位崇高的比賽，深受全日本矚目。全日本過年必看的節目有兩個，一是「NHK 紅白歌唱大賽」，另一個就是箱根驛傳。

校，最後他以推薦甄試的方式進了從未在箱根驛傳出場過的學習院大學。學習院大學雖與箱根驛傳的正賽無緣，但是會參加每年十月舉行的「預賽」。

在前一年的箱根驛傳跑出前十名成績的學校有所謂的「種子權」，可以直接參加隔年的正賽。未能爭取到種子權的學校（包含部分研究所）則必須參加每年十月的預賽，各校前十名選手的時間加起來還得擠進前十名，才能參加正賽。

學習院大學雖然會參加預賽，但不管是當時或現在的水準皆不足以角逐正賽（二〇一五年的預賽有四十九所學校參加，學習院大學為三十六名）。川內大概也以為學習院大學沒有像樣的教練，不認為自己能在這所大學變強。

我第一次見到川內是他剛加入田徑社的四月，在位於東京澀谷代代木公園內的田徑場「代代木公園陸上競技場」進行重點練習的時候。

當時全體社員正在練習一千公尺×七趟的間歇跑，新來的川內尚未加入正式練習，而是在競技場上慢跑。

看他的跑姿，完全想像不到那是高中時代五千公尺只跑了十五分〇八秒的選手。他的跑姿很穩定，就算跑出更短的時間也不奇怪。

反覆受傷導致一年以上沒能好好跑步

前面說過，五千公尺跑十五分〇八秒是很「平凡」的成績，我的意思是說，那不是高中田徑頂尖水準的成績，但是在學習院大學的田徑社已經算是出類拔萃了。因為學習院大學沒有像川內那種高中時代一直在強校跑步的選手。

學習院大學幾乎沒有選手能在十五分鐘跑完五千公尺，甚至有人得跑上十八分鐘。在這樣的情況下，我偷偷地留意起川內，雖然川內的確很有實力，可惜他跑步一點「勁道」也沒有，這是怎麼回事……？

我主動找他攀談：「你就是川內同學嗎？聽說你高中時代五千公尺跑了十五分〇八秒？」

川內回答：「是的。」

因為覺得很困惑，我問了他很多問題，得知他高中時代因為不斷進行重度練習，導致反覆受傷，一年以上沒能好好跑步。當時也因為右小腿受傷，處於無法跑得隨心所欲的狀態。

川內在高中時代，與明星選手高橋和也是同一個田徑社，高橋同學在全國高中綜合體育大賽的一千五百公尺跑出「日本第一」（當時的冠軍是來自肯亞的梅庫伯．約伯．莫古索選手）。川內與高橋同學同一組，實力差距一目了然，五千公尺的紀錄與高橋同學差了一分鐘左右，在田徑場上這個差距相當懸殊。

從川內說話的表情與口氣不難察覺，高中時代的事蹟在他心裡種下了自卑的種子，看來有意放棄田徑。然而在那之後，川內在學習院大學再度找回「跑步的喜悅」。

我使用與他高中時代幾乎可以說是完全相反的訓練手法，最終讓他的潛力開花結果。

以前每週六天的強化練習導致不斷有人受傷

我自己也畢業於學習院大學田徑社，大學畢業後就不再參加比賽，在大型通信器材公司一直工作到退休。退休時，母校田徑社的校友會邀請我去當教練，其實從更早以前就邀請過我好幾次「希望你來當教練」。

然而我身為上班族，對自己擔任的職務有責任，所以不斷拒絕。而且我覺得如果真要當教練，就不該利用上班的空檔兼職，而是專心於「希望能讓選手變強」。

後來在二〇〇三年六月的「學習院大學田徑社後援會總會」的場合正式就任教練，但其實我從前一年就開始指導田徑社了，在川內入學的兩年以前開始擔任學習院大學的教練。

我提倡的練習法從那個時候始終不曾改變過，一週兩次重點練習（週三、六），週一休息，其他時間則是慢跑。

這是很久以前的事了，一九六〇年代初期，當我還是學生的時候，除了週日休息以外，其他六天都要重點練習，週一到週六每天都要強化練習，只有週日可以休息……所以不斷有人受傷。

無論是哪一種練習，速度都慢到無法與其他強校練習的速度相提並論。每個選手的跑步能力都不盡相同，我提供的練習就是要配合每個人的水準，讓他們以游刃有餘的「慢速」來跑。

高中時代經歷過辛苦練習的川內這時露出「咦，這樣就結束了？」的表情，似乎覺得我的練習量不夠看。

因為高中時代的重點練習更加吃力，也難怪他會跌破眼鏡了。他肯定很懷疑「這種練習真的沒問題嗎？」

可是我認為，真的是這樣就好了。或許在一般人的常識裡，大學的練習理當比高中嚴格，但我的作法不是這樣。「別太努力」、「享受跑步的樂趣」是我的宗旨。

讓練習張馳有度

話說回來，要高中時代沒認真跑過步、雙腿還沒適應跑步狀態的學習院大學選手拚命練習，一定會受傷。社團裡只有十二、三個長跑選手，萬一有人受傷，就不能參加十月的箱根驛傳預賽了。

以社團目前的現狀來說，含川內在內的所有社員都必須上場比賽，所以教練絕不能讓選手受傷。

倘若是有很多選手的強校，就算有人因為辛苦的練習受傷，也能光靠沒受傷的「倖存選手」組隊參賽。這種強校與學習院大學在練習的先決條件就已經截然不同了。

箱根驛傳的強校通常都會在早飯前的晨間練習先跑個十到十五公里，學習院大學沒有晨間練習。不像其他強校的選手都要住校，光是每天早上要集合練習都很難實現了，更何況除了正式練習以外，每天早上都跑那麼久的話很容易受傷，所以不實施晨間練習。

要我來說，如果只要安排撐過辛苦的練習也不會受傷的「倖存選手」參賽，任何人都能當教練。我認為不讓選手受傷、提升選手的潛能，才是指導者真正的使命。

「光靠週三、六的重點練習集中訓練」、「其他天則以慢跑消除疲勞」——以這種簡單的雙軌制讓練習張馳有度，是不讓選手受傷，又能讓選手變強的重點。

為比賽立定目標

如前所述，川內高中時代的五千公尺最高紀錄為十五分〇八秒，是很普通的紀錄，但是剛上學習院大學的時候，因為高中時代受的傷還沒完全好，他是處於就連十六分都跑不完的狀態。從現在活躍於日本馬拉松界的川內來回想，是完全無法想像的成績。

我對剛進社團，正打算放棄田徑人生的川內說：「或許你已經提不起勁再跑步，但是要不要和我再努力四年試試？未來四年絕不會讓你受傷。」

從結果回溯，大學四年來，他從未受過需要長期療養的傷。他的腳原本就很耐操，過去只是練習過頭了。

入社兩個月後，我逐漸加重練習，六月與神戶市甲南大的定期校際對抗賽是川內上大學第一場比賽。他的狀態雖然比剛進大學好，但還是無法發揮全力，五千公尺跑了十五分二十六秒，只拿下第三名。

又過了三個月，這次是成蹊大學、成城大學、武藏大學、學習院大學的校際對抗賽。因為社團沒有其他人可以上場，川內的狀態雖然不太好，但還是參加了五千公尺的比賽。

當時的成蹊大學有個很厲害的選手，我對川內做出了「試著在最後一千公尺甩掉對手」的指示，於是川內真的遵照我的指示，在最後一千公尺進行最後衝刺，但是在田徑場的最後一圈（四百公尺）時被成蹊大學的選手追過，輸得很慘。但這也無妨，重點在於他鼓起勇氣，從最後一千公尺發動攻擊了。

我深知川內是個心理素質很堅強的選手，認為這是很大的收穫。與此同時，也感受到川內對田徑的真摯態度，所以重新打定主意「一定要好好地培養他」。

又過了一個月的五千公尺比賽，我要求川內「試著在最後一千兩百公尺（田徑場三圈）甩掉對手」，川內也照我的指示進行最後衝刺，這次終於順利地甩掉對方了。

如果是實力堅強的學校，或許有很多選手都能在正式比賽時遵照教練的指示來跑，但是在學習院大學，只有川內能如實地達成我的交代。

我好歹也是個教練，內心深處也有培養選手參加箱根驛傳的想法。看到在那場比賽上獲勝的川內，我想「接下來或許會很有意思呢」。

不要讓跑姿亂掉

或許是高中時代養成的習慣，川內會在練習時與其他選手一較長短。畢竟是田徑選手，競爭本身並非壞事，但是應該要留到正式比賽再競速比較好。練習時認真到與對方競爭，是無法提升成績的。

練習有練習的步調，正式比賽有正式比賽的步調，練習與正式比賽是兩回事。練習的速度會比正式比賽慢很多，重點在於「持續以適當的固定速度來跑」的訓練。

儘管如此，川內卻總是無法忍耐，動不動就加速，與隊友競爭。我不知提醒過這樣的川內多少次：「幹麼這麼拚！練習時跑再快都沒用，比賽時再全力以赴！」

會讓人全力以赴到跑姿亂掉的過度練習一點意義也沒有，在跑姿不會亂掉的範圍內降低速度才是理想的練習。

正式比賽時，心跳會快到練習時不可能達到的頻率，這是靠練習無法達到的。因此就算在平常的練習努力到跑姿亂掉也只會招來反效果。週六的 LSD 並不是以累得像條狗為目的，而是跑到終點以後，還保持能輕快地再跑一百公尺的力氣，這才是最好的結果，也才能善用在正式的比賽上。

不管是間歇跑、配速跑還是長跑，跑姿都沒有亂掉，以一定的速度從頭跑到尾，最後還有餘力進行「最後衝刺」衝過終點才是最有效的練習。要是覺得還不夠，可以在速度練習加上「一趟三百公尺衝刺」；如果是長跑，則再加上「一趟一千公尺或兩千公尺」來消除心理壓力。我也要求川內比照辦理。

重點練習的基本菜單由我負責規畫，選手要達成我要求的距離或圈數，除此之外的追加菜單或慢跑的內容則由每個選手自己評估。

我只告訴他們：「萬一因為過度練習受傷，是你們自己的責任。」於是選手會開始自己動腦思考，練習到什麼程度不會受傷。

自己動腦思考——這也是很重要的基礎，聽起來再理所當然不過，但不管是生意人，還是業餘跑者，意外地都做不到這一點。

不要太拚、不要太拚

當我還是學生的時候，受到在一九五二年赫爾辛基奧運獲得五千公尺、一萬公尺金牌的埃米爾・扎托佩克選手（原捷克斯洛伐克籍）的影響，在跑步界是間歇跑的全盛時期。

扎托佩克素有「捷克火車頭」之稱，以一定間隔重複高強度的「快跑」與低強度的「慢跑」的間歇跑練習創下佳績。然而愈是模仿扎托佩克選手，拚命練習間歇跑，只會一直出現傷者。

當我成為教練，之所以每週只讓選手進行兩次重點練習，正是因為我認為再練下去可能會受傷。學習院大學田徑社說穿了不過是「一群外行人的社團」，要是每週超過兩次重點練習，再加上晨練的話，絕大部分的選手都會受傷。

「花四年把這群外行人跑者從毫無基礎培養成只要十四分鐘就能跑完五千公尺」是我身為教練的基本理念，**因此我的練習法奠基於「無需一下子就讓選手變強，而是緩慢而確實地強化選手的實力」。我想這對各位業餘跑者也會是有效的訓練。**

即使是跑步能力在學習院大學算是首屈一指的川內，也絕不會讓他過於勉強，練習時反而一直地提醒他「不要太拚、不要太拚」。

專注於每週兩次的重點練習，剩下的時間則以慢跑來消除疲勞。這麼一來，就能確實地變強。在反覆練習的過程中，只要能以一定程度的速度掌握住「迎頭趕上的感覺」，就能跑出好成績。

我強調「絕不要勉強」，而且在馬拉松的練習「勉強是沒用的」。

就算是五千公尺只能跑出十六分鐘前後成績的選手，只要能以最初一千公尺的輕快步調跑到最後，應該就能以十五分三十秒左右完賽。重點在於「提醒自己」過了三千公尺以後的速度不能慢下來，跑到最後也不至於腳步虛浮。我要選手將這點謹記在心。

第二章

川內如何成為學習院大學第一位箱根跑者？

減少練習量以大幅刷新自己的紀錄

川內起初對我的練習法心存懷疑，但是他在大學一年級的秋天以十五分〇六秒的成績跑完五千公尺，相隔兩年又更新了自己的紀錄後就不再懷疑了。

時隔一個月後的比賽又將紀錄一口氣縮短到十四分三十八秒，就連川內自己也難以置信。明明練習量比高中時代少，紀錄時間卻愈縮愈短，也難怪他會驚訝。

比賽前，川內沒想到自己能在十五分鐘內跑完，最後甚至以十四分三十八秒跑完的全程。然而，我在週三於織田田徑場上進行的重點（強化）練習後告訴川內：「你已經有十四分五十秒左右完賽的實力了。」

於是川內問我：「最初的一千公尺要跑多快才好呢？」

我建議他「前面的人若跑在兩分五十秒以內，不要追上去；如果是兩分五十三到五十四秒左右，就從後面追上去。」

川內天生具有強韌的心理素質與絕不輕言放棄的雙腳，只要小心別在三到四千公尺的地方慢下來，最後就能交出漂亮的成績單。

我因為還有別的工作，無法在會場內看川內跑完全程，完賽後立刻接到川內的電話，語帶興奮地向我報告他刷新了自己的最快紀錄「十四分三十八秒」！

請容我岔開話題一下，川內大一的時候有位三年級的學長跑完八百公尺只要一分五十五秒、一千五百公尺也只要三分五十八秒。再加上川內受到高中時代的同學，同時也是明星選手的高橋和也影響，一心只想跑得快一點。

但是川內在短跑的速度上完全不是那位學長的對手。重點練習後，如果讓他們自由競爭一趟三百公尺的最後衝刺，成績倒在伯仲之間。可見川內的確有雙絕不輕言放棄的腳。

因為有過上述的經驗，川內升上二年級後，開始對速度產生了一定的自信。

明明跑得不快卻變快了

話雖如此，從速度來看，川內並不是跑得快的選手，使盡全力跑一百公尺，十三秒已是極限。

大一時以五千公尺大幅刷新自己的紀錄後，二年級的春天，我要他參加比較不擅長的一千五百公尺賽跑。

高中時代的川內並非能在四分十秒內跑完一千五百公尺的選手，自從上大學以後，不過度訓練、累積提升速度的練習，最後居然只花了三分五十八秒。

川內再度大吃一驚，我還記得他說過：「我終於明白教練說的是什麼意思了」。

簡而言之，不只是全程馬拉松那種長跑，即便是一千五百公尺或五千公尺的中長跑，只要別過度練習到跑姿亂掉，以一定的速度從頭跑到尾再「迎頭趕上」

就能變快。

只要能保持一百公尺十四秒的速度，四百公尺就是五十六秒，八百公尺就是一分五十二秒。縱然有很多選手能在五十六秒內跑完四百公尺，不過卻很少有選手能以一分五十二秒跑完八百公尺。所以只要能以這個速度迎頭趕上，跑完一千五百公尺，就能擠進前幾名——我把這種想法深植在川內心底，讓他產生以一定的速度從頭跑到尾再「迎頭趕上」的意識。

大二的春天，川內大幅刷新了自己一千五百公尺的紀錄，他似乎身歷其境地感受到「練習時跑再快都沒用」了。

事實上，川內從那個時期開始突然產生了自信。以四百公尺六十三秒的均速跑完一千五百公尺只要三分五十六秒，但他完全不做以六十三秒跑完四百公尺的重點練習，因為只要培養「稍微降低配速，以一定的速度輕鬆跑完全程」的感覺，即使不做那種速度練習，也能因應正式比賽的速度。

川內成為公務員跑者後，一千五百公尺只要三分五十秒就能跑完，我想這是高中時代的他難以置信的好成績。

消除對距離而非速度的不安

如前所述，學習院大學原本是與箱根驛傳的正賽無緣的大學，但是仍會參加每年十月的預賽。

至少要召集到十名能突破參加標準紀錄（在十六分三十秒以內跑完五千公尺或三十四分鐘以內跑完一萬公尺）的選手參加預賽就成了每年的一大目標。

川內曾問：「箱根預賽是這麼大的事嗎？」，「參加預賽」對他而言或許是太低門檻的目標。

預賽全程二十公里，由各校派出十人以上、十二人以下的選手參賽，前十人的時間加起來比較短的學校方能勝出。由於比的是每一位選手的時間加總，所以每個人的責任都很重大，若不全力以赴就會拖累整個團隊。

配合十月的二十公里預賽，我在每年暑期集訓結束前會要求選手「鍛鍊能跑三十公里的腳力」。因此四月對新進社員的指導便是「先從八十分鐘的慢跑開始」。速度不快也沒關係，先從能持續跑八十分鐘開始鍛鍊腳力，因為八十分鐘其實還滿久的。

然後再延長到一百分鐘、一百二十分鐘，下一個階段才是「一萬六千公尺的配速跑」（繞著四百公尺的田徑場跑四十圈）。讓選手在跑姿不會亂掉的基準下，以不算快的速度跑完全程。

等到能游刃有餘地完成上述的練習，接著再把長跑的距離增加到二十公里、二十五公里，最後要能跑完三十公里。

暑期集訓前的三十公里長跑是繞著東京世田谷的「駒澤公園」跑。一圈二・一三公里，十四圈就是二十九・八二（約等於三十）公里。藉由讓選手跑完三十公里，產生「預賽的二十公里不過是一碟小菜」的信心。

先消除對三十公里這個「距離」的不安。反過來說，重點在於培養對距離的自信，速度則是其次。

以川內為例，在田徑場跑一萬六千公尺的配速跑時，往往會比我設定的時間還快，就算我要求他「一公里保持在三分四十秒的速度」，他也會以三分三十五秒跑完，最後還會加速，我只能一直提醒他「不要太拚、不要太拚」。

他就是那種全力以赴的性格，而且或許很難擺脫高中時代養成的競爭習性。

立志成為學習院大學第一位箱根跑者

實踐了我的練習法之後，川內升上大二後變得更強了。即使心想「可能會來不及」，依舊讓他在大二的暑期集訓擠進關東學聯選拔[5]（以下簡稱學聯選拔），目標是成為學習院大學第一位箱根驛傳的跑者。

只要川內個人的綜合成績能在十月的預賽擠進前幾名，即使學習院大學的隊伍無法晉級出賽，也能以學聯選拔隊的一員參加箱根驛傳的正賽。

在那之前，我不曾讓他跑過三十公里以上的距離，確定獲選為學聯選拔隊後，在暑期集訓加入了四十公里的長跑，這是為了培養他對距離的自信。

學聯選拔會在十月的預賽從無法參加正賽的大學（部分研究所）的選手中遴

5 箱根驛傳的二十支參賽隊伍中，其中一隊是由學聯選拔組成的隊伍，是由不同學校的選手組成。

選前十六名組成隊伍。川內的目標是「個人綜合成績在五十名以內」，再不濟也要擠進一百名以內。只要個人綜合成績在五十名以內，就一定能成為學聯選拔的成員。名次固然令人在意，但成績會依天候而異，所以還是不要太介意比較好。

事實上，我並未提高重點練習設定的時間（速度），而是增加長跑的距離及間歇跑的次數。間歇跑從原本的一千公尺十趟變成一千公尺十二到十五趟，從兩千公尺五趟變成兩千公尺六到七趟。

在最後五公里前保持體力再一口氣超前

川內大二以加入學聯選拔隊為目標的那一年預賽，天氣很好，氣溫很高。川內不怕冷，但有點不耐熱。

我心想：「這下糟了……」建議川內「最後五公里（十五公里處）以前慢慢來，最初的五公里就算跑在前面的選手以十四分三十秒領跑也不要追上去」，而他也接受我的建議，沉著冷靜地應戰。

因為在最後五公里前都沒跑太快，所以川內通過十五公里處的順位遠遠落在一百名之後，然而這一切都在我的掌握之中，川內也非常冷靜，看到站在十五公里處的我後說：「教練，我要加速了！」接下來就順利地一口氣超前。

結果以六十一分十五秒的時間抵達終點，達成個人綜合成績三十七名的目標，如願成為學聯選拔的一員。

另一方面，學聯選拔依照預賽的結果選出前十六名成員，但實際能參加正賽的只有其中十人，剩下六個人是候補選手，無法上場比賽。為了參加正賽，必須在十一月的「關東學聯一萬公尺紀錄挑戰錦標賽」締造佳績才行。

為了在自己出場的B組擠進前三名，我要求川內再怎麼吃力也要在八千公尺的時候跑在前面，只可惜川內無法在八千公尺的地方超前。

我心想：「這下糟了……」其他選手紛紛跑到前面來。川內或許是因為心情放輕鬆了，以五十七到五十八秒跑完最後一圈（四百公尺），追回前面失去的時間，以二十九分二十八秒拿下第一名。

這是川內第一次不到三十分鐘就跑完一萬公尺的比賽。

為何要把重點放在箱根驛傳的「六區」？

川內大二時以學聯選拔的正式成員參加箱根驛傳，成為學習院大學的第一位箱根跑者，在大學裡引起一陣不小的騷動。

校友會出現「讓他去跑比較容易得到天皇陛下加油的十區[6]吧」的聲浪，但川內堅持要跑回程六區[7]的下坡路段。

我也不認為下山的六區特別適合川內，但他本人已下定決心，半步不讓。

這件事的背景其實是這樣的——川內大一時的二月某日，我問社員：「要不要去挑戰箱根驛傳五區的上山路線？」雖然只有川內和比他大一屆的學長舉手，還是付諸實行了。

兩人搭乘電車，早上七點半在JR小田原站集合。我開車去接他們，載他們到去程五區的起點「小田原眼鏡超市總公司大樓前」，以「箱根町蘆之湖停車場

6 第十區是一月三日回程的最後一個棒次，從鶴見跑回大手町，因為會跑經皇居，因此有比較容易得到天皇加油的說法。

7 第六區是一月三日回程的第一棒，從蘆之湖到小田原中繼站。沿途是陡急的下坡，對選手的雙腿是相當大的負擔，一般六區會由強壯、不易受傷的選手負責。

入口」為目標，從這裡展開二十三．四公里的上山路線。

五公里外的「箱根湯本站」前因人潮較多，我指示他們先放慢速度，再慢慢加快速度，從十四公里處的「小涌園十字路口」開始一口氣加速。

川內以一小時三十分多一點的時間抵達「蘆之湖」的終點，完成二十三．四公里的全程。當天下著夾雜雪花的雨，天氣非常冷，箱根山上的氣溫低於零度。這麼冷的天氣通常不適合跑步，但川內不費吹灰之力抵達終點，反而是學長因為太冷跑不出好成績，可見川內真的愈冷愈開花。

當他抵達終點時，我稱讚他：「上坡很厲害嘛。」但他本人卻不以為然地反駁：「我的下坡跑得比上坡更好。」

事實上，他非常在意高中時代的同學——一年級就跑過六區，目前就讀早稻田大學的高橋和也，他非常想贏過高中時代完全把自己狠甩十條街的高橋同學。

只可惜高橋同學那年沒跑箱根驛傳，無法直接對決，但川內在六區拿下區間第六名的好成績。

未能連續兩年入選學聯選拔的原因

川內大二時成為學習院大學第一位箱根跑者，以優異的成績受到矚目，升上大三後卻是一連串的失敗。

十月的箱根驛傳預賽以一百七十二名（六十三分二十二秒）的個人綜合成績坐收，未能連續兩年入選學聯選拔。

由於他是學習院大學第一位箱根跑者，必須接受日本電視台的貼身採訪，就連上個廁所都有攝影機寸步不離地跟著，導致川內從預賽前就有點無法進入狀況，發過好幾次脾氣，注意力完全無法集中。

就連預賽前一天晚上只有選手參加的會議，川內也獨自提早離席，四年級的隊長看不慣他的態度，還曾經來找我抗議。即使到了第二天早上，川內也沒出席預賽前的討論會。

不得不承認當時的川內的確有些自我中心的部分，尤其愈靠近比賽的前一刻，眼裡只看得見自己，這點很討人厭。自古以來，實力堅強的選手都有些怪癖，所以才會那麼厲害也說不定。雖說如此，但跑得快不代表就比別人偉大，所以我也提醒過他。

或許是因為這樣，他在預賽撞上一堵高牆，未能連續兩年入選學聯選拔。在下個月的關東學聯一萬公尺紀錄挑戰錦標賽，川內問我：「要是我能跑出二十八分的成績，能不能影響選拔的結果呢？」我建議他：「我覺得不太可能，但你就以志在必得的心情挑戰看看吧！」

太努力練習反而弄巧成拙

於是川內打開了奇妙的開關，對我設定的時間置若罔聞，自行提高重點練習的速度和趟數，以兩分五十五到五十六秒的速度跑了十五趟一千公尺的間歇跑。

通常十趟一千公尺需要以三分五到十秒的配速才能跑完，所以他的速度和趟數都過頭了。因為過於高強度練習，在關東學聯一萬公尺紀錄挑戰錦標賽的正式比賽上，速度從六千公尺附近就開始變慢，結果超過三十分，以三十分十五秒的成績一敗塗地。

當時一萬公尺的日本學生紀錄是由大迫傑[8]選手（二〇一五年加入Nike奧勒岡計畫）在早稻田大學時代創下的二十七分三十八秒三一，差距甚大，一目了然。

8　日本知名長跑選手，於二〇一八年十月七日，在芝加哥馬拉松以二小時〇五分五十秒創下日本男跑者紀錄，獲得一億日圓獎金。

我叮嚀他：「把自己逼成那樣的練習只會帶來反效果。」叮嚀得口水都乾了，但他完全聽不進去，堅持「無論如何都要跑得再快一點」，大幅提高速度和趟數，結果失敗了。

從事會破壞自身節奏的高強度練習非但不會有效果，反而會讓肉眼看不見的疲勞累積在體內，具有降低基礎的跑步能力、容易受傷的風險。

川內試圖以二十九分鐘跑完一萬公尺，只要以三分鐘跑一千公尺的速度連續跑十趟，剛好就是三十分鐘，最後只要再稍微加快速度，就能縮短到二十九分鐘。

話雖如此，倘若以為只要以比現在更快的速度練習，就能完成目標時間則是外行人的想法，正所謂紙上談兵。

或許有人會義正辭嚴地說：「練習時辦不到的事，正式比賽時怎麼可能辦到！」但中長跑是很神奇的運動，練習辦不到的事，正式比賽就是辦得到。反而是練習時如果跟正式比賽一樣拚命，只會招致肉眼看不見的疲勞，導致狀態惡化，就連透過平常練習累積下來的基礎跑步能力都會衰退，換來慘不忍睹的成績。

如果是一千公尺的間歇跑，請用比跑全程馬拉松還要游刃有餘許多的速度，讓身心都在沒有壓力的情況下來跑，反而比較可以看到效果。

我一直告訴川內：「一定要讓身心都游刃有餘。」

不需要努力，保持現狀即可

川內一旦感到吃力就會表現在臉上。我經常要提醒他：「又不是要去報殺父之仇，不要露出那麼猙獰的表情！」

還有，比賽跑過終點後，屢次被媒體拍到他筋疲力盡倒在地上的模樣，其實川內在大學時代的重點練習時也經常在衝線後倒在地上。

像這種時候我都會罵他：「笨蛋！都叫你不要那麼拚了。」尤其是剛入學時，幾乎每次都會上演這一齣，任憑我苦口婆心地說：「你到底在想什麼！你只是想強調自己很努力在跑吧。與其這樣，用走的還算是比較好的練習。」但他都當成耳邊風。

總覺得他已經養成倒在地上的習慣，所以一旦他倒下，我就會拉他起來，要他用走的，或是慢慢地慢跑。不知不覺間，他在練習時終於逐漸改掉這個壞毛病。比賽真的很辛苦，有幾次是一過終點就被扛去保健室。不過最近他比較少在馬拉松衝線後倒在地上了。

總而言之，川內很容易努力過頭。我只好一再提醒他：「不需要努力，保持現狀即可。你在大學時代跑得很好，又沒有受傷，這樣還不相信我的判斷嗎？」

對川內而言，大三是備受考驗的一年，在箱根驛傳預賽的慶功宴上，難得地喝到酩酊大醉，然後在接下來的重點練習時剃了光頭。

我問他「怎麼了？」

川內說：「為了不讓自己蒙羞，我把頭髮剃光了。」

我反問：「剃成光頭就會變快嗎？」

最後的箱根與區間獎差了十三秒

經歷過不斷失敗的大三，升上大四的五月，川內參加關東學生田徑校際選拔賽（學習院大學排在第二部）的半程馬拉松，結果只有第九名。前年是第三名，所以他很不甘心。

我建議他「一開始先跑在前面，後半段再堅持下去」，但川內並未發動攻勢，而是跑在不上不下的位置，直到最後都沒能抓住進入選拔的門票。

關東學生田徑校際選拔賽只有每場比賽跑在前八名的學校才有分數，爭的是各個學校的綜合積分。川內是學習院大學的王牌，是田徑隊珍貴的得分王，所以我對他慘不忍睹的比賽結果大發雷霆，當時川內告訴我：「我這輩子都不會忘記這種不甘心的感覺。」

以這次的失敗為戒，川內在大四最後一個十月的箱根驛傳預賽中，個人綜合成績為三十九名（六十一分二十秒），第二次入選關東學聯選拔。接下來的關東學聯一萬公尺紀錄挑戰錦標賽也得到很好的成績，入選為正賽的先發選手。

川內兩年前參賽的時候跑了下山的六區，這次也毛遂自薦「我想跑六區」。其他大學的很多教練給了「川內比較適合上坡，而不是下坡吧？」的意見，我也這麼想，但他無論如何都不肯點頭，始終堅持「我想在六十分鐘內跑完六區」。

就結果而言，他再度跑了六區，完成五十九分二十七秒的目標，與區間第一只差了十三秒，拿下區間第三名。只見他說「我遵照教練的指示，最初的五公里

慢慢跑，要是速度再快一點，就能拿下區間獎了。」（笑）

下坡路段不斷進攻的勇氣

箱根驛傳的六區是條下山的路線，有一連串充滿斜坡的彎道，我並未要川內特別針對六區特有的下坡加強練習，但他還是跑出區間第六名、第三名的佳績。

川內最優秀的地方就在於不怕下坡，一般狀況是，要不顧一切地提升下坡速度，腳著地的時候容易自然而然地踩煞車，但川內完全不怕，反倒是增加步頻[9]，不斷地進攻。

9 步頻：每分鐘雙腳交換的次數。初階跑者大多是一百二十到一百五十左右，高階跑者都在一百八十以上，馬拉松頂尖選手則在二百以上。

跑下坡路的著地衝擊對腰腿的負擔相當大，平常光是跑步，就得承受相當於體重二到三倍的著地衝擊，但這跟箱根下坡的著地衝擊比起來根本算不了什麼。

事實上，川內大二跑箱根六區時，腰部因為受到著地的衝擊，比完賽後還痛了將近一個月。後來為了入選學聯選拔，在預賽前的暑期集訓增加了越野跑。

炎熱的暑期集訓成了高山訓練。八月在山形的藏王、長野的菅平，九月則是在新潟的妙高高原，在高低起伏的路線上確實地練跑。妙高高原現在的越野路線規畫得很完善，但是當時可沒有這麼好，必須跑在起伏十分劇烈的山路上。

透過以上的練習，川內再度挑戰下山的六區，和大二時比起來，大四賽後的運動傷害看起來比較少。大概是跑在高高低低的賽道上也具有強化腳力的效果吧。

第三章

不做過度提升速度的訓練

練習不要過度提升速度

我的練習法是以每週兩天的重點（強化）練習為軸心，分別是週三的「速度練習」（間歇跑或配速跑）與週六的「LSD 長跑」。

學習院大學的重點練習為每個月繞著駒澤公園的外圍跑一、兩次，其他時間則利用江東區的「夢之島競技場」或澀谷區的「織田田徑場」等田徑跑道來練習。

我很重視在田徑跑道上的練習，因為我想藉此讓選手用身體記住以四百公尺為單位的速度感。在跑道上的配速跑以一萬兩千公尺到一萬六千公尺（跑道三十到四十圈）為主，有時候會把距離拉長到兩萬公尺（五十圈）。

提到一萬六千公尺的配速跑，川內大一時一圈（四百公尺）的時間是八十五到八十六秒（配速為每公里三分三十三到三十五秒），升上三年級後，一圈的時間是七十七到七十八秒（配速為三分十三到十五秒），而且這是在行有餘力的狀況下跑出來的速度。

間歇跑的練習菜單是以一千公尺及兩千公尺為主，總距離達一萬公尺以上。如果是一千公尺就跑十趟，兩千公尺則為五趟。

我設定的速度都不快。川內大四的時候，如果是一千公尺的間歇跑，通常以三分〇五到十秒的速度跑十五趟，和其他強校的選手比起來慢了許多。

如果是其他強校像川內這麼有實力的選手，一千公尺最慢也只要三分鐘左右，因為川內跑得比這個速度還慢，感覺就像有十秒左右是慢慢跑。以慢了十秒的速度跑一千公尺的話，感覺甚是游刃有餘。

降低配速以拉長距離

在跑一千公尺的間歇跑時，一般人都覺得要快速地衝完每一趟，但我的想法正好相反。

比起每趟一千公尺都跑得飛快，我把重點調整為縮短休息的慢跑時間。每跑完一趟，在心跳穩定、呼吸調勻之前就開始跑下一趟。這樣比較不容易受傷，還能逐漸增強速度持久力及心肺功能。

川內剛進社團時，對這套練習方式心存疑慮，我告訴他：「不是一千公尺跑得快就好了。比起一千公尺跑得快，更要重視休息的兩百公尺慢跑。」休息的兩百公尺慢跑一開始設定為六十秒，習慣這個節奏以後再縮短到五十秒以內。

我安排的練習課表幾乎不做像四百公尺這些距離比較短的間歇跑，反而直接安排十趟一千公尺的練習，等選手習慣後再拉長每趟的距離，例如變成八趟兩千公尺或五趟三千公尺。

重點練習以降低配速來拉長距離，但川內反而覺得若不逼迫自己跑快就會有壓力。所以重點練習結束後，我會讓他再跑一趟一千公尺或三百公尺的間歇跑，唯有這時不設定速度，任由他照自己的步調跑，藉此「消除壓力」。

練習到停在「還想再跑」的程度最有效

我讓川內完成事前設定的練習菜單後，再依自己喜歡的速度跑一千公尺或三百公尺。以三百公尺為例，川內起初要花上四十四到四十五秒，後來慢慢加快速度，大學畢業時只要四十一到四十二秒就能跑完，連他本人也很驚訝。

希望各位讀者不要誤會，並不是因為一百公尺等的短跑速度變快了，跑三百公尺的速度跟著變快，而是因為兩千公尺或三千公尺的間歇跑鍛鍊出速度的持久力，三百公尺才跟著變快。

我時常告訴川內：「只要先跑一趟三百公尺衝刺，速度的練習就沒問題了。就算你的速度不見得能在十四秒內跑完一百公尺，但速度再掉也掉不到哪裡去，所以不用擔心速度掉下來，不妨確實地讓身體記住『迎頭趕上』的感覺來培養腳力。一面讓身體記住『迎頭趕上』的感覺，再加一趟三百公尺衝刺，如果能在四十二秒內跑完就太完美了。」

很多長跑選手都能在四十秒內跑完三百公尺衝刺，不過只要能在五千公尺的比賽中以四十二秒跑完最後三百公尺，幾乎就能打遍天下無敵手。考慮到這一點，我在間歇跑稍微降低配速，縮短銜接的慢跑時間，訓練選手在最後關頭「迎頭趕上」的感覺。

在練習的時候全速追趕，甚至跑到跑姿都亂掉了，或許會覺得很痛快、很有成就感，稱讚自己「幹得好」但對我而言那並不是好的練習。在練習後抱著「還想再跑！」的心情下結束練習，反而能提高練習的效果，下次從事相同的練習時會不會覺得「想跑」也是判斷的指標之一。

即使是上述的三百公尺衝刺，我也不會設定時間。不要拚死拚活地跑，而是一路順順地跑，跑出來的時間是四十三秒或四十四秒都無所謂，最後再以通體舒暢的跑步結束練習，這種感覺最有效了。

川內是絕不偷懶的男人

大學時代的川內，軀幹不太有力，跑步時即使擺動手臂，上半身與下半身也無法順利連動。

學習院大學每週四會使用訓練室，我建議川內在那裡進行鍛鍊軀幹的訓練。川內厲害的地方在於交付他的事情一定會照做。因為本性認真，自己決定「要做」的事一定會堅持到底。

因為每週四都花一到兩小時訓練，大三升大四時，他的軀幹變得很穩定。

順帶一提，川內在法律系政治科的成績算是前段班，以第二名的成績畢業。上課時總是坐在最前面專心聽講、下課還要打工，在田徑場上則是全社團跑得最快的成員。從這個角度來看，他或許是個不懂得偷懶的人，也因此有時會努力過頭，所以高中時代才會操過頭受傷。

川內從小學就一直是高橋和也的手下敗將，終於在大四的「上尾半程馬拉松」贏過對方。一定會對打敗過自己的選手還以顏色的有仇必報也令人印象深刻。

在他心裡，現在應該也還是有競爭對手，他會以把對方打到落花流水當目標來維持自己的幹勁。

以比賽代替練習

一到馬拉松賽季，川內幾乎每週都會參加比賽，大學時代倒是沒那麼頻繁地參賽，不過也曾經週六、日連續參加「紀錄賽」。

所謂紀錄賽，是指由各大學主辦的比賽。由各校的選手在大學校園裡的田徑場上競技。顧名思義，比的是紀錄（時間）。

假設週六參加一萬公尺、週日參加五千公尺，就等於是連續兩天上場比賽。

二〇一五年五月，川內連續三天參加半程馬拉松，且三戰全勝。但這樣的他起初也對連續兩天參加大學的紀錄賽持否定的態度。儘管如此，我還是說服他：

「比賽是很好的練習喔！」安排他上場。感覺上，比賽可以得到相當於三次重點練習的效果。

順帶一提，當我還是學生的時候，跟現在不一樣，沒有所謂的紀錄賽，只能在大學的校際對抗賽上得到正式紀錄。連著兩天進行兩、三種項目的預賽與決賽是家常便飯，我總覺得這樣的經驗能幫選手打好基礎，因此將比賽巧妙地運用在練習裡。

川內參加當地的「埼玉縣田徑選拔賽」的五千公尺時，我們曾經有過以下的對話。

我問他：「你認為有機會在這場比賽中獲勝嗎？」

川內回答：「不是毫無可能。」

於是我下了一個指示：這次比賽也是練習的一環，衝線時筋疲力竭也無妨，最後兩千公尺試著把速度跑出來。

雖然他跑到最後的確已經筋疲力竭，還是輸給領先的跑者。但我認為川內在比賽時立定目標，試著想辦法突破的作法一定會對他有所助益。

我也告訴川內，除了挑戰自我紀錄的正式比賽外，其餘都只是練習的一環。比賽前不太需要調整狀態，也不必為比賽的結果耿耿於懷。

近年來，川內經常受邀參加比賽，積極地把比賽當成練習的一環，可見大學時代的記憶還鮮明地留在他心裡。

利用爬山一步一腳印地鍛練腰腿

川內從大三的尾聲開始產生「想挑戰馬拉松」的心情，所以一點一點地增加跑步距離。以長跑來說，約莫是從原本的三十公里變成四十公里的感覺。

只不過，整個月加起來的跑步距離並沒有太大的變化。也有整個月加起來跑將近六百到七百公里的時候。例如暑期集訓，但通常是一個月四百五十公里左右。即使是整天都要上班的業餘跑者，每個月跑都這些距離的應該也大有人在。

此外，我還建議他每個月花三到四小時去爬一次山，以鍛鍊腰腿。川內住在埼玉縣，附近就有山可爬。川內也說：「我從以前就想爬山了」，他只有那個時候贊成我的方針呢（笑）。

爬山與馬拉松乍看之下似乎是兩碼子事，但平常的練習不會出現的上下坡會帶來新鮮的刺激，還具有鍛鍊腰腿的效果，非常有益於馬拉松。

我從以前就告訴過川內「你很適合跑馬拉松喔」，但他是直到四年級，代表學聯選拔隊參加學生時代最後一次箱根驛傳後的一月三日晚上，才真正定下挑戰馬拉松的具體方案。

川內說：「我想繼續在教練的指導下參加比賽。」而當時我已經決定辭去學習院大學的教練，於是川內畢業的同時，我也卸下教練一職，繼續專心指導川內。

下定決心挑戰馬拉松

川內說：「我想在大學畢業前跑一次馬拉松。」而且還是「東京馬拉松」（二〇〇九年）。當時若想參加東京馬拉松的菁英組，門檻是兩小時二十七分，但是沒有跑過馬拉松的川內跑不出那麼快的速度。

我心想：「這真是傷腦筋啊……」但也想到一個好主意。當年的東京馬拉松於三月二十二日舉行，所以我擬訂的作戰計畫是利用五十天前（二月一日）的「別府大分每日馬拉松」來打破這個門檻。

距離正式比賽只剩不到一個月，但我還是設定「要在兩小時二十五分內跑完」的目標。川內為了準備箱根驛傳，已具備三、四十公里的長跑經驗，再加上與生俱來的韌性，所以我認為若採取這個方法，成功應該指日可待。

每週兩天的重點練習照舊，只是調整為箱根驛傳後先跑四十公里，之後再以二十五到三十公里的長跑為主。我告訴川內：「這樣即使不做提升速度的練習，速度也不會掉下來太多喔。」

當時的別府大分每日馬拉松與現在不同，跑的是舊路線，後半段通常要逆風而行。我提醒他有很多選手會在二十七到二十八公里處減速，做出「最初的五公里要感覺就像邊聊天邊跑，以十七分半這種比較慢的速度進行」的指示。

實際上，他比我預計更快的速度開跑，幸運的是那年的後半段是順風，川內也認為「這下子大有可為」而在後半段加速，成為後半段的參賽選手中跑得最快的人。

結果他的馬拉松初體驗以兩小時十九分二十六秒（二十名）抵達終點，與高采烈地說：「教練，我跑在兩小時二十分鐘以內喔！」也順利地擠進東京馬拉松的菁英組。

在東京馬拉松的兩週前又參加了學生半馬（日本學生半程馬拉松選拔賽），以一小時〇三分十三秒跑完全程，然後在二〇〇九年的東京馬拉松以超越別府大分每日馬拉松的兩小時十八分十八秒（十九名）完賽。

已經定型的實業團不適合川內

在箱根驛傳大顯身手的選手通常會加入實業團繼續比賽。但川內通過埼玉縣政府的公務員考試，如各位所知，他成為了有名的「公務員跑者」。

在實業團的選手多半都不用工作，可以集中精神比賽。從這個角度來說，埼玉縣政府並未特別禮遇川內，所以他必須在正常上班的情況下參加比賽。

事實上，川內還沒畢業，就有好幾個實業團邀請他加入。但我認為以川內的性格很難融入那種已經定型、以集體練習為主的實業團，很難在那種情況下繼續比賽，所以他都拒絕了。

如果是高中、大學住過校，在遵守紀律的前提下一直過著團體生活、接受集體練習的選手，或許能習慣實業團的練習環境。但川內沒有那種經驗，硬把川內塞進那種框架裡，雖然不敢說得太武斷，但他非常可能無法繼續跑下去。

此外，實業團都致力於參加能提高受矚目程度及具有宣傳效果的「新年驛傳」（全日本實業團對抗驛傳競走大會），川內不適合那種競速的比賽。話說回來，實業團的速度練習及長跑皆屬於高強度，要是川內努力地想要趕上其他選手，鐵定會受傷。

其實，當初川內想進國土交通省，然而一旦進中央省政府工作，可能要在全國各地調來調去，所以我建議他：「只會在縣內調動的埼玉縣政府比較好吧？」

我打的如意算盤是埼玉縣政府裡面也有學習院大學的校友，在職場上或許能給他一點方便。倘若川內想繼續比賽，埼玉縣政府的環境還不錯。

結果川內考上公務員，被埼玉縣政府錄取，在春日部高中擔任準時上下班的行政工作。當時的上班時間從十二點四十五分到二十一點十五分，不太需要加班。可以利用上班前的上午時間練習，也能繼續沿用以每週兩天的重點練習為主軸的練習方式。就這樣，他在到職後的新環境開始正式展開針對馬拉松的練習。

我當了一輩子一般企業的上班族，再怎麼說也是累積了各種社會經驗的人生前輩，我告訴他：「工作比馬拉松重要喔。一旦結婚生子，家庭也會變得很重要。要是這樣還行有餘力的話再跑馬拉松。」

利用馬拉松一再刷新自己的紀錄

我在川內大學畢業後，因應他本人的期望，為他規畫練習菜單。以每週兩天的重點練習為軸心的練習步調與大學時代沒什麼差別。

平日無法面對面地指導，只好由他寫信向我報告練習的狀態，我再做出練習內容的指示。週六的重點練習則在我家附近的駒澤公園進行面對面的指導。

川內住的地方附近沒有田徑場，所以週三的間歇跑基本上都在最近的公園，利用公園內的柏油路面練習。有時候他會在週三上午從埼玉搭電車到東京的「織田田徑場」，在跑道上練習。

我預測透過這樣的練習，即使是公務員、整天都要上班，大概也能以兩小時十二分的時間跑完馬拉松。

川內成為公務員跑者的第一場馬拉松「福岡國際馬拉松」（二〇〇九年十二月六日），我指示他「不要跑太快，留在第二集團就好」，結果正式開跑，川內緊咬著跑在最前面的集團不放。

川內以接近自己半程馬拉松紀錄的時間通過中間點，顯然跑得太快了，果不其然，三十五公里以後的速度急速下墜。

川內筋疲力盡地跑到終點說：「我這輩子都不會忘記這次有多痛苦。」

雖然刷新了自己的紀錄，不過若以他當時的實力來評估，我和他本人都無法接受兩小時十七分三十三秒（十三名）的結果。

記取這次失敗的教訓，他在不到三個月後的二〇一〇年東京馬拉松（二月十八日）跑出兩小時十二分三十六秒（第四名）的成績，大幅刷新了自己的紀錄。終於可以看到「低於兩小時十分」的門檻了，川內提出具體的目標時間。

那就是春日部東高中時代的驛傳最高紀錄「兩小時九分三十秒」。他的目標是要打破這個由七個人傳承下來的紀錄。

日本最多次「低於兩小時十分」紀錄保持人

二〇一〇年夏天熱得不得了，川內以「低於兩小時十分」為目標繼續進行練習。他耐寒不耐熱，無法百分之百完成我給他的練習菜單。我指導川內到那一年的九月，後來因為他跟不上教練的指導，就由他自己規畫練習菜單。

川內與我分道揚鑣有很多原因，無法一一盡述。

在半年後的二〇一一年東京馬拉松（二月二十七日）他跑出了兩小時八分三十七秒（第三名）的佳績，是日本人第一名。在那之後的半年後代表日本參加韓國大邱世界田徑男子馬拉松大賽（九月四日），並於二〇一三年三月的首爾國際馬拉松以兩小時〇八分十四秒的成績刷新自己的紀錄。二〇一三年十二月連續兩場比賽（福岡國際馬拉松、防府讀賣馬拉松）都達成「低於兩小時十分」的目標，共八次達成「低於兩小時十分」（截至二〇一五年十一月），為日本人史上最多[10]。

川內現在也是一邊上全天班一邊繼續比賽[11]，以我教他的練習方法不斷地提升速度。

「要是不能刷新自己的紀錄，選手生命就走到盡頭了」，是我最常對川內說的一句話，或許如今在他心目中仍有這樣的體悟。

實業團的選手們幾乎都不用上班，所以能全心練習。到了夏天還能去涼爽的

10 直至二〇一八年十二月止，川內累積了八十五場馬拉松成績馬拉松成績低於二小時二十分，創了金氏紀錄。
11 川內優輝二〇一九年四月分將辭去公務員身分，轉為職業選手。

高地進行長期集訓，這是公務員跑者川內無法企及的。

可是他比一般人還好勝，所以不想輸給練習條件好得多的實業團選手的心情反而能成為他的動力。

第四章

張馳有度的練習

透過速度練習來培養速度感

請容我重複一遍，我的練習法是以每週兩次的「重點（強化）練習」為基礎，其他時候基本上都只是消除疲勞的慢跑，非常簡單。

一週中間的週三是「速度練習」，週末的週六則是「LSD 長跑」。週一休息，週二、四、五、日則是慢跑。刻意不指定慢跑的距離，以緩慢的步調跑三十分鐘也好、六十分鐘也罷。總而言之，一定要把「別太勉強」、「享受跑步的樂趣」銘記在心。週三的速度練習在強化速度的持久力與心肺機能的同時，要培養「速度感」。平日要確保練習時間或許很困難，但如果是速度練習，就可以在比較短的時間內結束。

很多公司的週三都是「不用加班的小週末」，好像也有在下班後才開始練習的跑步俱樂部，與這些俱樂部的伙伴一起進行速度練習以提升幹勁也不錯。

具體的練習菜單，通常是跑十趟一千公尺、五趟兩千公尺的間歇練習。以上的距離及趟數依跑者的程度而異，但是全都要在跑步姿勢不會亂掉的基準下，以一定的速度從頭跑到尾。

以會導致跑姿亂掉的高速拚命跑絕對不會有好下場。在「保護膝蓋」（參照一一一頁）的前提來跑也很重要。

業餘跑者在間歇跑之間的慢跑大約以兩百公尺（六十五到七十秒）為標準，這段時間轉眼即逝，身體其實無法充分休息，但這才是關鍵所在。重點在於即使是時間這麼短的銜接，也要保持一定的速度跑到最後，以這樣的負荷為標準。這麼一來，唯有保持體力上游刃有餘的速度，才能完成練習。

可以的話，週三的速度練習最好在田徑場進行。因為這對於讓身體記住四百公尺的速度感很有效。

繞著田徑場跑四百公尺的一圈需要幾秒？假設以九十六秒的速度跑完一圈，一千公尺就是四分鐘多一點，五千公尺則是二十分鐘多一點。

身體透過在田徑場上的練習能判別出以數秒為單位的差異，面對實際的比賽也能確實掌握速度。

話雖如此，我猜還是有很多練習無法在田徑場上進行。這時請盡可能選擇有標示距離的公園。無論如何，練習時請努力以四百公尺或一千公尺的一定距離培養節奏感。

嚴格遵守間歇的慢跑維持六十五到七十秒

一般而言，間歇跑是以比跑馬拉松比賽還快的速度來衝刺一定的距離，但是如同截至目前的說明，我的練習法是用比比賽速度還要慢的速度反覆練習。

觀察一般業餘跑者，不難發現很多人會在速度練習時迫不及待地從一開始就全速衝刺。這麼一來，隨著跑的趟數增加會愈來愈吃力，無法持續到最後。為了避免事情變成這樣，必須提醒自己在跑姿不會亂掉的原則下，游刃有餘地以一定的速度從頭跑到尾。

如果從第一趟就「呼呼」地跑得氣喘如牛，幾乎是筋疲力竭地抵達終點，肯定無法保持一定的速度到最後。像這種情況，就要強迫自己降低速度，才能跑完全程。

再者，除了要從頭到尾保持一定的速度，將銜接的兩百公尺慢跑時間控制在六十五到七十秒也很重要。因為時間稍縱即逝，馬上就得開始跑下一趟，但即使是這種短時間的銜接，也要設定成能從頭到尾保持一定速度的步調。

重點在於直到最後都不要努力過頭。終點不是結束，而是「要想像繼續奔向終點的終點」。萬一身體在衝線前變得僵硬、跑姿亂掉，就一點意義也沒有了。

練習不是比賽，練習中要隨時保持「別太勉強」、「享受跑步的樂趣」的念頭，請務必記得要在「明天還想再跑」的狀態下結束練習。

或許有人會擔心「這麼放縱自己，速度會掉下來」，但就算速度稍微掉下來，也要恪守六十五到七十秒的銜接慢跑時間，從頭到尾保持在一定的速度，這點至關重要，藉此還能培養速度的持久力與肌耐力。

還有個重要的秘訣，就是重點練習時請務必先慢跑熱身十五分鐘左右，再以全力的六到七成左右的力道跑兩、三趟「輕鬆的一百公尺衝刺」。藉此刺激全身的肌肉、關節、心肺、大腦，告訴身體「接下來要進行高強度的練習，請多多指教！」

為了伸展手腳的活動範圍，不妨提醒自己跑的時候動作大一點。千萬別忘了目的是熱身，並不是要快跑。

利用三百公尺衝刺讓腦和神經習慣速度感

就如前面所述，我的練習法是即使要進行速度練習，也不會把選手逼得太緊。然而即便如此，其中也有感覺到「消化不良」的選手。因為有很多人都是原本認為跑馬拉松是一件痛苦的事，抱著勇於挑戰的心態在跑，倘若練習不夠辛苦，反而會覺得好像還不夠，川內也不例外。

像這種時候，每當練習結束以後，我都會再讓他跑一趟「三百公尺衝刺」，當成「＋α」的追加練習。

以週三要跑五趟或十趟一千公尺的間歇跑為例，銜接慢跑時間一樣必須嚴格遵守在六十五到七十秒，從第一趟到最後一趟也都要保持一定的速度來結束練習，重點在於不要進行最後衝刺。跑完最後一趟後再慢跑一百公尺，以調整氣息，然後再追加一趟三百公尺衝刺，這時就可以用自己的速度來跑。

話說回來，為何是三百公尺？

就是三百公尺這種不上不下的距離感才好。

如果是兩百公尺，跑到最後還是很有爆發力，所以會從一開始就使出全力。如果以全速跑完四百公尺，最後會很吃力，不確定能否以最快的速度跑到最後。三百公尺的距離剛好落在那條微妙的界線上。

如果是三百公尺，就算一開始稍微有所保留，也能努力撐到最後。

前述的三百公尺衝刺具有讓人找回速度感的效果。這種速度感不是為了身體，而是為了「腦」。為了讓腦這個「身體的中樞」配合速度，留下完美的想像訓練，下次才能再接再厲。

如果利用稍微傾斜的下坡路進行三百公尺衝刺，效果還會更好。因為可以讓腦和神經習慣平地體驗不到的速度感。

腦是掌管身體的中樞，要在平地提升速度是很容易的一件事。跑在下坡路段還能讓腳程自然變快，好處多多。所以，根本不需要盡全力跑，只要能讓腦和神經習慣腳程與速度構成的節奏就行了。

此外要特別注意，下坡的角度如果太急，腳會自然而然踩煞車，很容易跑得腳步踉蹌。所以請找坡度平緩，能自然升速度的下坡路，痛快地體會奔馳感。

長跑要耐著性子慢慢跑

「長跑」是週六的重點練習。為了強化腳力，縮短跑馬拉松的時間，必須習慣以固定的速度一次跑上二十到三十公里左右。

就算是長跑，也不要忘了「別太勉強」、「享受跑步的樂趣」。

請保持行有餘力的穩定速度。重點在於即使狀況特別好，也要以保持餘裕以穩定速度「耐著性子慢慢跑」。

以一定的速度慢慢跑，除了可以學會忍耐，也能培養出不依賴別人，靠自己跑到最後的毅力。這對跑馬拉松的人是很重要的素質。

每週不要都是相同的距離，以二十公里、二十五公里、三十公里讓長跑充滿變化會比較有效果。如果距離比較短，就稍微加快速度，以同樣的強度來跑。

設定的速度與速度練習時一樣，其實是「感覺有點慢耶」最剛好。因為抵達終點時還有體力，萬一覺得好像還不夠，不妨在跑完設定的距離以後，再追加一公里或兩公里。這時也可以加速來跑，但最好停留在「明天也想跑步！」的程度。

請記得一件事，那就是要確實地完成重點練習的距離或趟數。萬一狀態不佳，稍微降低速度也沒關係，重點在於要確實地跑完該跑的距離或趟數。

此外，即使還有體力，也不要埋頭加速，請維持一定的速度到最後。也不要做最後衝刺。我再重複一遍，跑完所有的趟數，如果還有體力就再跑一圈。這是為了「不要太努力」。

也可以像川內那樣，利用週日參加比賽來代替週六的長跑。因為比賽會刺激交感神經，有助於腎上腺素的分泌，可以發揮比練習更好的實力。一次比賽相當於三次重點練習，所以比賽前的熱身及比賽後的伸展都不能馬虎，請好好地呵護自己的身體。

慢跑的重點在於「時間」而非距離

週三的速度練習、週六的長跑、週一的休息、其他四天則是慢跑。請容我再重複一遍，這四天刻意不指定慢跑的距離，基本上是以消除疲勞為目的，因此請以緩慢的速度跑個三十分鐘或六十分鐘。

為了縮短跑馬拉松的時間，重點在於要先培養能跑上三十公里的「腳力」。倘若是以跑完全程為目標的馬拉松新手，重點練習姑且不論，不妨先一點一點地增加慢跑的距離。跑的時候悠閒地欣賞景色，繞著公園外圍跑也不錯，如果已經厭倦了單調的跑道，不妨開發幾條只有自己知道的路線。只要結果能演變成長達一百二十分鐘左右的慢跑就行了。

馬拉松新手就算不做重點練習，也能藉由拉長距離來提升跑步能力。別忘了

「別太勉強」、「享受跑步的樂趣」，一開始跑得不夠快也沒關係，只要本著「循序漸進的原則」，一點一點地增加跑步距離就行了。

我經常以「先試著慢慢跑」來指導選手，不會要求他們「一定要跑幾公里」，而是希望他們能夠以健行的感覺，從平常的練習中感受到跑步的樂趣。

前面也提到過，大腦是掌管身體的中樞。慢跑不僅能消除疲勞，讓身體感覺煥然一新，也能讓大腦感覺煥然一新。

慢跑時要意識到的是「時間」而非「距離」。

不是「老樣子先跑十公里再說」，而是若把重點放在三十分鐘或六十分鐘的時間，如何以更放鬆、更悠閒的感覺來跑，中途用走的也無所謂。老是跑同樣的路線可能會膩，所以嘗試各種路線也能轉換心情。

需要工作的平日就算只慢跑三十分鐘也無所謂。

沒有比賽的時候，可以在週六的重點練習（長跑）隔天——週日安排長程的慢跑。

我都教選手們「中間用走的也沒關係，只要能在三個小時以內慢慢走完即可」。時間的長短可以配合每個選手的狀況及腳力進行調整，一旦完成「一百二十分鐘的慢跑」，還能與前一天的長跑產生相乘效果。

週一的休息可以什麼事都不做，也可以採取積極的休息（Active Rest）稍微慢跑一下以放鬆身體。

要為慢跑製造變化

練習時也要為慢跑製造「變化」，才能提高效果。不只是平坦的道路，也可以試著跑高低起伏的路線、上下天橋、在途中加入「坡道衝刺」，為自己的跑步路線增添變化。不要規定「星期幾要跑這條路」，重點在於考慮到自己的身體狀態及練習環境，用自己的大腦思考、選擇、判斷要加入什麼變化。

如果是在河邊跑，速度不快也沒關係，中途可以利用堤防跑上跑下，扎實地鍛鍊出強韌的軀幹和雙腳，也可以一次跨兩階跑上陸橋的樓梯。

不要漫無目的地跑步，而是邊想著要如何「製造變化」，邊觀察自己跑過的公園或道路。如此一來，不難發現土和草地踩起來比鋪設柏油的路面來得柔軟，路線上充滿高低起伏。

駒澤公園不只有鋪設柏油的外圍路線，也能穿過林間、繞著球場跑、跑在由土和草地構成的地面。不要老是跑相同的路線，有時也要換換口味，尋找泥土或草地的路面來跑，這麼一來將成為很有益的練習，也能轉換心情。

以緩慢的速度跑在具有高低起伏的場所，不僅能為軀幹帶來刺激，還能訓練平衡感，自然而然地學會適合跑上下坡的跑姿。

輕鬆地慢跑後，不妨再快跑個一百五十公尺左右，這是為了拉回跑姿的重心，因為緩慢的速度很容易變成重心太低的跑姿。可以的話，最好利用「平緩的下坡」來跑。只要能有效率地跟上速度，大腦也比較容易找回速度感。

總之要跑得開心

請容我不厭其煩地重複，切勿忘記「別太勉強」、「享受跑步的樂趣」。我還在學習院大學當教練的時候，也一再地提醒選手「要跑得開心一點！」我的練習法是要讓選手覺得「明天還想再跑」的心情下結束練習。即使是業餘跑者，也請將「拚了老命地追趕也不見得能縮短跑馬拉松的時間」謹記在心。

我在每週兩天的重點練習中，除了關注選手的身體狀況，也要看當天的天氣，盡量小心不讓他們太過於勉強。

這部分對於各位沒有教練的業餘跑者來說，都必須自己判斷才行，因此客觀地審視自己的狀況就顯得格外重要，首先請利用以下的項目來檢測自己是不是訓練過度了。

□即使有時候很痛苦，但練習基本上還是開心的。

□不會追趕到跑步姿勢亂掉。

□沒有哪裡會痛。

□練習結束後會覺得「明天還想再跑」。

只要以上四點沒有全部打勾，很可能就已經訓練過度了。覺得練習菜單「好輕鬆啊」其實是最理想的狀態。倘若還有體力，不妨再追加一趟三百公尺或一千公尺，以消除心理壓力。

不用努力跑到跑姿亂掉，那樣的練習也不開心，跑姿一旦亂掉，就無法跑得有效率，反而會產生壞習慣更改不過來的反效果，如同所謂的「壞習慣愈練習只會更嚴重」。

也要注意疼痛及不對勁的感覺。強忍疼痛及不對勁的感覺，對跑步一點好處也沒有。另外，跑完以後如果身心都感到疲憊，就表示練習的強度太高。請隨時提醒自己要保持「明天也想再跑」的新鮮感。

跑量多不見得有用，重視結果甚於距離

我猜有很多人都會紀錄「我跑了幾公里」的跑步距離，其中也有人對一個月如果沒跑到幾百公里就無法達成低於四小時或低於三小時的紀錄深信不疑。好像

也有人會向跑步的伙伴報告：「這個月跑完三百公里了！」可見「距離信仰」已經根深蒂固了。

馬拉松是長達四十二．一九五公里的長跑運動，所以必須習慣跑長途到一定程度才行。話雖如此，還是要有所節制，跑過頭依舊沒有任何好處。

川內每個月的跑步距離為六百公里多一點，就能在兩小時八分鐘跑完馬拉松。如果是實業團的選手，每個月跑超過一千公里的也大有人在，可是川內跑得比他們還快。

吹噓跑的距離而不是比賽的成績，就跟吹噓加班時間比別人長而不是工作的結果一樣，要我說，只不過是「自我滿足」。

享受馬拉松之樂的方法因人而異，有人以刷新自己的紀錄為目標，我則堅持「一定要重視結果」，但是不把這點當一回事，「為練習而練習」的人多如過江之鯽。

要是不用跑那麼長的距離就能跑出好成績，再也沒有比這個更好的事，而且這種事是很可能發生的。

明明跑了很長的距離卻無法跑出好成績的人，應該是平常的練習出了問題。即使跑相同的距離，每天以同樣的速度跑十公里，與一天休息、一天速度練習跑八公里、一天長跑三十公里這種讓練習張弛有度的人跑出來的結果完全不一樣。

還有，請捨棄每到月底就會產生「再跑二十公里，就達成這個月三十公里的目標了」這種毫無意義的堅持。如果想刷新自己的紀錄，最重要的是在正式比賽跑出佳績，希望各位別忘了這才是練習的目的。

第五章

保護膝蓋
要採取慢中有快的跑法

回想小時候跑步的樣子

「要怎麼跑才好？」經常有人會問我跑步姿勢的問題。問題是每個人的跑步方式大相逕庭，不能一概而論「這樣跑比較好」。

話說回來，世界上根本不存在百分之百正確的跑姿，儘管如此，還是有很多業餘跑者致力於追求根本不存在的「與教科書無異的正確跑姿」。

跑步的方式大概在小學的時候就已經定型了，請回想運動會的賽跑，當時的跑法是最原始的跑姿，也是最自然的跑法。

每個人都有各自的體型（骨架），有的人腿長，有的人腿短。有人彈性很好，也有人沒什麼彈性，所以沒有百分之百的正確跑法。就算有，硬要模仿可能也太強人所難了。

小學生應該都不會意識到跑步的姿勢。請不要想得太難，只要回想小學時的跑法即可，因為那是那個人最自然的跑法。

只不過，就算我告訴選手：「試著回想小學時期的跑法。」絕大部分的選手也都說「完全想不起來……」各位肯定也不例外吧。

那麼，該怎麼辦才好呢？

請先走個幾步來看看，這時請把上半身稍微往前傾，角度大約是五度左右。然後保持這種狀態，慢慢地加快速度。如此一來，就能自然而然地變成慢跑。這才是各位與生俱來的自然跑法。

只要沒有不對勁的感覺，基本上就能採取這種跑法。任何人都有與生俱來的跑步習慣，左右兩邊的肌耐力也有差，這些習慣與肌耐力的差異將會自然而然地表現在跑法上。

如果說有什麼要注意的，無非是「重心的位置」。經常可以看到以重心位置太低的姿勢跑步，請盡量提醒自己，重心要保持在高處。

尤其腰部容易酸痛的人要特別注意。因為腰部一旦繃緊，跑步就會太用力。要是覺得自己有這個問題，不妨在洗澡或洗完澡的時候，趁著身體還溫熱的狀態，自行按摩或做些伸展操，藉此放鬆腰部及背部的肌肉。

切勿以腳尖著地來矯正跑姿

近年來跑步的「著地」方法似乎引起熱議。日本人一般都是從腳跟先著地，再從腳尖（主要是大拇指）拉起來的「腳跟著地」。

但也有人認為整隻腳的「腳掌著地」或腳底前半部的「腳尖著地」比較好。

NHK 特別節目報導，席捲馬拉松界的肯亞籍或衣索比亞籍頂尖選手都是以腳尖著地的方法跑步，受到這個的影響，不少業餘跑者群起效法這種跑法，但我個人認為完全沒必要。

因為肯亞籍或衣索比亞籍的頂尖選手跟日本的業餘跑者在骨架等身體構造上完全不同，更重要的是跑步姿勢也各有不同巧妙，即使以腳尖著地的肯亞籍或衣索比亞籍的選手跑得很快，但阿基里斯腱的粗細和彈性都比他們差很多的業餘跑者就算想要模仿，也無法跑出想像中的速度，反而會受傷。

日本人大概只有大迫傑選手的跑法比較接近腳尖著地。他從還就讀高中驛傳的名校——佐久長聖高中（長野縣）的時代就是明星選手了，早稻田大學的時代也在箱根驛傳大顯身手。自二〇一五年起，以美國奧勒岡州為據點，成為活躍的職業跑者。

我認為就連大迫選手現在的狀態，頂多也只能以腳尖著地跑二十公里左右。

假使今後還有機會挑戰全程馬拉松，恐怕也會改變跑姿吧。雖然也有其他日本籍選手採取與肯亞籍或衣索比亞籍的頂尖選手同樣的跑法，但那似乎不適合在全程馬拉松快跑。

不急不徐地一步步「迎頭趕上」

只要以我在前面說明過，能讓身體感到自然的跑法著地即可。結果若是腳跟著地，大可不必矯正成腳尖著地。比起為了在馬拉松創下好紀錄而改變著地法，還不如培養「迎頭趕上」的感覺，保持一定的速度，讓身體記住在二十公里、三十公里慢慢追上去的感覺。

川內也說過：「其他選手跑到尾聲，速度都會掉下來，所以後半場才是勝負關鍵。就算一開始稍微慢一點，只要後半場急起直追，就能跑在最前面喔。」

業餘跑者的目的不是與其他選手較勁，而是與自己戰鬥，但是訓練自己迎頭趕上的感覺還是很重要。因此即使是重點（強化）練習，也是以用七、八成的力氣來跑，保留「隨時都能急起直追」的體力最有效。

川內花了三年才學會這樣的跑法。習慣在重點練習努力過頭的人，愈是經驗老到，或許需要更多的時間才能擺脫這個習慣。請先從練習時意識到「不急不徐」、「慢條斯理」的感覺開始。

提醒自己要「保護膝蓋」

要怎樣才能「不急不徐」、「慢條斯理」地跑完全程呢？無論是什麼樣的跑者，都有一個共通的重點，那就是要提醒自己「保護膝蓋」。

光說保護膝蓋，聽起來也令人摸不著頭緒，所以很難用文字表達。換個說法，就是邊跑邊保持「膝蓋的彈性」、「膝蓋的緩衝」。有聽沒有懂的人不妨試試相反的跑法，意即一口氣提升速度來跑。如果想跑得快一點，前腳就會伸直，無法保護到膝蓋。這麼一來，腳會因為著地衝擊增加而疲勞，無法跑太久。

不懂得保護膝蓋的人就算想跑得快一點，也無法順利提升速度，亦無法保持一定的速度。

在保護膝蓋的前提下慢慢跑，速度反而不會掉下來，可以長時間保持一定的速度跑完全程。尤其是全程馬拉松，保護膝蓋是非常重要的關鍵。

藉由意識到要保護膝蓋，跑起來才會游刃有餘。只要能跑得游刃有餘，應該就能以一定的速度跑完全程。讓膝蓋的動作保持鬆弛，還能把膝蓋的緩衝性運用在跑步上。

不同於肯亞籍或衣索比亞籍的頂尖選手，日本人的腳踝比較沒有彈性。為了彌補這個弱點，在保護膝蓋的前提下跑完全程才是最有效的方法。只要養成這個習慣，就能在跑步時保持絕佳的節奏。

輕輕鬆鬆也能跑得很快

可惜沒有「這麼一來就能保護膝蓋」這種直接的練習法或技巧，總之只能在平常的慢跑或重點練習中「提醒自己」保護膝蓋，而且跑姿也不能亂掉。

這麼一來，各位或許會覺得「差不多是這樣吧」，請不要忽視這種「差不多」的感覺，好好地養成這個習慣，從平常就意識到要保護膝蓋，跑步的速度應該會愈來愈快。

另一方面，或許有人會覺得又要提醒自己保護膝蓋又要慢慢跑，速度可能會掉下來。這種人最好先利用慢跑來提醒自己保護膝蓋。

一旦掌握到這種感覺，上半身就不會那麼僵硬，上半身與下半身順利連動，就能跑出平衡的跑姿。

最終的理想是「看起來好像慢吞吞的，但其實跑得很快」。而且因為跑起來輕鬆自如，要是習慣比賽的選手，很容易就能在關鍵時刻加速。

看到肯亞籍或衣索比亞籍的頂尖選手在馬拉松電視轉播裡的英姿時，不覺得「看起來跑得好慢」嗎？就算他們其實是以每公里低於三分鐘（一百公尺十八秒）的超快速在跑，也因為他們跑起來輕鬆不費力，看起來就像慢慢跑。

正因為這是川內的強項，我才得不厭其煩地提醒他「不要太拚」、「不要太拚」，以免上半身的動作變得太僵硬。尤其是如果上半身的動作從比賽的前半段就很僵硬，速度將無法持續到最後。

很難在速度練習的同時兼顧到保護膝蓋，所以我的練習菜單裡幾乎沒有兩百公尺或四百公尺的間歇短跑。

就結果來說，比起加快速度，以動作變得僵硬的跑姿來跑，即使速度不快，跑的時候要同時注意保護膝蓋的練習還比較有效率。

以一定的節奏輕鬆跑

為了保護膝蓋，「跑步的節奏」也很重要。我經常要提醒在大學一、二年級打下基礎的選手「節奏」、「節奏」。

提醒自己要保護膝蓋，跑姿也穩定到一定的程度後，就能逐漸掌握住自己的跑步節奏。請一面意識到上述的節奏，讓身體牢牢記住這個節奏。

只要能跟上節奏，即使不用拚命跑，也能在保護膝蓋的前提下迎頭趕上。

首先透過平常的慢跑來習慣節奏。慢慢來也無所謂，請以一定的節奏輕鬆跑。理想的情況是「時間不知不覺就過去了」。為此最好也以「時間」而非「距離」做為慢跑的標準。

不管是有彈性的人，還是沒有彈性的人，只要學會以一定的節奏一直往前跑，就能打下穩固的基礎。跑在沒有高低起伏的平地當然不用說，利用上下坡的練習來讓自己的身體記住節奏也很重要。

上坡請以重心稍微往前傾，用手臂把身體拉起來的感覺來跑。說得極端一點，不妨想成是透過手臂的擺動把身體不斷地往前拉。

下坡時請放鬆手臂，秉持著不擺動手臂也無所謂的概念，感覺上光是讓身體配合坡度稍微往前傾就會自動前進。「收腳」也會成為很大的重點。

上坡必須靠自己的力量提起雙腳，下坡則要小心別因為收腳太快，導致腳步落在後方。下坡時要意識到骨盤以下「腳的回轉頻率」，以免同時用前腳踩煞車，導致身體往前衝。這麼一來，即使很放鬆，下坡的速度也會自然提升，可以「邊跑邊休息」。

請特別注意上下坡都不要失去平衡。

順帶一提，大家都希望在平坦的跑道上比賽，但是也有一些選手在有點高低起伏的路段比較能跟上節奏，跑得好又快。

只要讓選手跑一趟需要上上下下的越野賽道，馬上就能看出節奏好壞。沒有節奏感的人無法因應高低起伏的地形，會跑得綁手綁腳。

以節奏來記住速度

週三的速度練習和週六的長跑都要不急不徐地保持一定的速度，重視「節奏」更勝於時間。反過來說，在意識到速度的情況下來跑，慢慢地就能掌握每公里跑五分鐘的節奏或每公里跑四分三十秒的節奏。

頂尖的選手有辦法以正負一秒鐘為單位，掌握跑田徑場一圈的速度，如果是「以七十二秒跑完」，即是以七十二正負一秒跑完的意思，即使掉到七十六秒，也能在正負一秒內跑完。

之所以能像這樣掌握住速度，是因為身體已經記住那個速度的節奏了。一旦抓到速度，接下來只要用那種節奏繼續超前即可。這點重要到選手經常把「一旦掌握不到節奏感就完蛋了」掛在嘴邊。

只要能以一定的速度來跑，就不需要思考太多有的沒有的，只要淡定地跑完即可。說是淡定地跑才能培養節奏感也不為過。

起初只要淡定地持續慢跑，就能逐漸掌握到節奏感。之所以主張慢跑的標準在於時間而非距離，也是因為最理想的狀態是：能以一定的節奏慢跑，時間不知不覺就過去了。

一旦掌握到節奏感，如果環境許可，就能在田徑跑道上做速度練習，讓身體記住一圈四百公尺的節奏，這麼一來在馬路上長跑也沒問題。

每個月繞四百公尺田徑跑道練習一次

在田徑跑道上，請以一圈四百公尺跑九十秒或九十二秒這種「誤差兩秒」為最終目標，不是用頭腦記住，而是用身體記住。總之要在練習的過程中讓身體記住「九十秒的節奏大概是這樣」、「九十二秒的節奏大概是這樣」。

為了登峰造極地將準確程度提高到正負一秒，最好的方法就是不斷地以一定地速度繞著四百公尺的田徑跑道。學習院大學的選手也經常進行一萬六千公尺

（四十圈）的配速跑。

這時候的重點在於「不要一直看錶」，有人會頻繁地看錶確認兩百公尺的通過時間，但是這樣只是看著時間進行微調，一點意義也沒有。

即使指示學習院大學的選手「保持以一圈跑八十秒的速度跑兩千公尺」，也有很多人第一圈跑得比較快，約莫七十五到七十六秒，為了最後平均下來是八十秒，第二圈就以八十二到八十三秒跑完。請容我說句不客氣的話，這種人是「比較差的選手」。以川內為例，只要指示他「請以七十八秒的速度跑一萬六千公尺」，他就會一直用七十八秒的速度跑完全程。那是因為他的身體已經理解七十八秒的節奏了。

各位業餘跑者或許不太有機會去田徑場跑步，但是為了掌握節奏，最好還是每個月至少能利用田徑跑道練習一次。

狀態愈好的時候愈不要拚命跑

當酷暑過去，進入秋天，天氣變涼以後很適合跑步，往往會不知不覺地加速，愈是這種時候才更要降低配速。狀態好的時候也是一樣的道理，請提醒自己不要跑太快。

尤其是週三的速度練習，受傷的風險特別高。即使狀態很好，也絕不能忘記「不要勉強」、「不要跑太快」。大腿或小腿肚的肌肉會痛幾乎都是因為狀態好的時候努力過頭引起的。

選手的狀態一旦不錯，就會產生「想再跑一趟」的心情，這時我反而會刻意結束練習，宣布「今天到此為止」。

各位業餘跑者朋友，或許要靠自己做出冷靜的判斷不是一件容易的事，但是請記住「狀態愈好的時候愈不要拚命跑」。

參加慢跑俱樂部等和大家一起練習的時候也要小心。與大家一起跑的時候，要是看到自己視為競爭對手的人，會情不自禁地加速，很容易變成「大人的運動會狀態」。因為有人真的會因為想突顯自我而努力過頭。

我不確定教練有多少經驗，但教練也樂見選手跑得快，所以無論如何都會想規劃出高質量的練習菜單。正因為如此，希望各位能主動產生「今天就到此為止」的自制力。

書和網路上充滿了馬拉松的資訊，可以簡單地獲得知識。能不能巧妙地善用那些知識就看各位的造化了。有人會對那些資訊照單全收，立刻開始模仿，愈是高難度的練習菜單，愈要仔細地研究，冷靜地判斷自己需不需要。

我再重複一次，重點在於「狀態愈好的時候愈不要拚命跑」。

第六章

馬拉松專家的技巧

八分飽的練習

馬拉松想跑得快，練習內容固然重要，更重要的是千萬不能受傷。一旦受傷就無法練習，也無法上場比賽，還可能讓一路走來的努力全都付諸流水。

如同「飯吃八分飽，醫生不用找」的格言，只要每餐都吃八分飽，不要暴飲暴食，就不會生病。我認為這種八分飽的精神也可以套用在馬拉松的練習，因此我只讓選手從事「八分飽的練習」。

話說回來，每週兩次的重點（強化）練習本來就比較少，而且還是八分飽的強度，其他日子則以慢跑銜接，和自己的身體對話，用頭腦思考如何調整跑步的方式。

參加團練時若有實施間歇跑，很容易變成同伴之間的競爭。變得即使跑姿亂掉，也不想輸給同伴，所以會呼呼地跑得上氣不接下氣。或許能因此培養韌性，但是從長遠的角度來看，這是屬於「扣分的練習」，也會導致受傷。實際上，聽說每兩個業餘跑者就有一個有運動傷害。

重點練習時，不管是間歇跑還是長跑，都要以跑姿不會亂掉的速度在「保護膝蓋」的前提下跑，從頭到尾保持一定的速度，在還有體力的情況下結束練習。

倘若這樣只有七分飽，覺得還不夠的話，可以再追加一趟。如果是間歇跑就加一趟三百公尺，如果是長跑則加一趟一千公尺，請以自己喜歡的速度來跑，藉此消除壓力，在八分飽的情況下結束練習。

降低成就感的門檻

能夠擠下別人，考上箱根驛傳的強校，都是些很有天分，能在十四分三十秒內跑完五千公尺的選手，但是上了大學之後卻停滯不前的也大有人在。在箱根驛傳成為鎂光燈焦點的選手中，也有很多因為受傷而一籌莫展的選手。

因為強校有許多很有天分的選手，只要挑出在隊伍內激烈的競爭中脫穎而出的選手參加比賽即可。對教練而言相對輕鬆，因為只要讓選手彼此競爭，從中挑選出能留到最後、沒有受傷、成績又很好的選手就行了。

要參加箱根驛傳，只要有十個選手能從一區接力跑到十區即可，包括候補的選手在內，登記參加名額可以有十六個，社員人數比較多的大學田徑社，光是長跑就有將近一百個選手任君挑選。

淘汰掉受傷的選手，由存活到最後的選手參賽——這種指導方式看在我眼中，根本稱不上教練。在比賽裡勝出，對大學做出貢獻固然也很重要，但我認為不讓選手受傷，陷入低潮，即使不能參加比賽，也要讓所有人都確實有所成長，才是教練原本的任務。

近年來，高中田徑練習也要跑很長的距離，給人為受傷所苦的選手與日俱增的印象。我聽說這是因為教練要他們跑，再加上爭奪出賽權的競爭十分白熱化，所以就算身體不舒服也不敢告訴教練，還是硬著頭皮練習。

業餘跑者也一樣，身體不舒服的時候硬要跑只會造成反效果。在重點練習把自己逼入絕境，跑完全程會很有成就感，但這其實是自找麻煩，過度練習很容易受傷。

所以重點在於降低練習時產生的成就感門檻。

此舉可以避免過度練習，也比較容易採取保護膝蓋的跑法。勉強自己絕不會有好下場。請為設定時間預留一點空間，以「開心地跑步」為前提，這才是達成目標速度的不二法門。

專注於每週兩天的重點練習

有一種情形我會毫不留情地斥責選手，那就是選手重點練習時突然肚子痛，直接跑廁所的時候。

或許各位會認為「肚子痛也沒辦法啊」，但是恕我直言，這是「不夠專注的表現」。

當我問對方前一天吃了什麼，果不其然，既然出社會工作，免不了「昨晚被主管約去喝了一點酒……」

因為我也有長年當上班族的經驗，不是不能理解這種狀況。不過，倘若無法妥善地處理主管或前輩的邀約，不管身為選手還是上班族都不及格。

我不會要求大家別喝酒，但自我管理對馬拉松選手來說非常重要。因為每週只有兩次重點練習，希望選手都能專注於這兩次的重點練習。

反過來說，除此之外我對選手沒有其他的要求。再怎麼小心提防，還是免不了在重點練習的時候肚子痛吧。川內也曾經犯過這樣的毛病，也被我罵了一頓。

專注於每週兩次的重點練習，其他天的慢跑就很輕鬆。請把這種張馳有度的心態運用在比賽上。

萬一馬拉松跑到一半肚子痛，就無法發揮原有的實力。從長遠的眼光來看，只要專注於重點練習，比賽當天就不會發生這樣的意外。

不只是肉眼看得見的動作，肉眼看不見的內臟也跟身體狀況息息相關。

希望各位都能從這種宏觀的角度審視自己的身體。為此要養成「專注於每週兩天的重點練習」的習慣。

了解自己「最慢的速度」

了解自己「最慢的速度」也是很重要的一件事。如前所述，所謂最慢的速度是指不管比賽再怎麼痛苦，也不會再慢下來的跑步速度。

我為長跑設定的時間很靠近這個最慢的速度。目的在於建立即使狀態不佳，至少也能以這個速度也能跑完全程的自信。

我說過好幾次了，重點不在於跑得快，而是要在保護膝蓋的前提之下，不讓跑姿亂掉，一步一腳印地慢慢跑。練習的目的就在於保持一定的速度，在三十五公里以後再迎頭趕上。

意識到自己最慢的速度，就算速度在三十五公里以後掉下來，也能撐到最後，說這是最基本的自信也不為過。人類的身體比家電產品還要敏感，腦海中一旦浮現不祥的預感，身體就會頓時不聽使喚。為了不要變成那樣，重點在於利用每天的練習讓內心隨時保持「游刃有餘」。

消極的想法會讓動作變得不順暢

我認為人類是最怠惰的動物，我也經常對川內說：「在跑馬拉松的時候，只要心裡產生『好痛苦啊』的念頭，腳就會瞬間動彈不得，浮現在腦海中的負面思考也會瞬間控制整個身體。」

心理素質就是這麼重要，就算體能上有些劣勢，只要心理素質夠強大，就能成為相當大的優勢。

明明對手的速度沒有自己快，可是看到對方精力充沛站出來的那一刻，「這下子可能贏不了……」的負面思考就會浮現腦海，而且縈繞不去，再也振作不起來。驛傳是一種團體競技，只要有一個選手產生這種情緒就輸定了，所以這可以說是最棘手的狀況。

那麼，為了盡量避免這種負面思考，該怎麼做才好呢？基本上還是一樣，要提醒自己在練習時隨時保持以一定的節奏跑。利用平常的練習掌握「最慢也要用這種速度迎頭趕上」的速度，再透過練習提升這個最慢的速度。

練習時不要努力，不要加速。川內除了最後一圈會隨心所欲地跑以外，常規練習不會設定比比賽時更快的速度，可是全程馬拉松的正式比賽還是能跑出優異的成績。

或許大家會覺得練習時不要努力，比賽時再努力很難理解，但是比賽時確實可以發揮比平常練習時更強大的跑步能力。主要還是要經常練習，培養「迎頭趕上」的感覺，才能在比賽時發揮實力。

大熱天要小心攝取過量的水分

在大熱天練習時，補充水分固然重要，但最近卻給人過於神經質的印象。我還在跑步的時代根本沒有運動飲料這種東西，就連喝水都是一種禁忌。練習時幾乎不會補充水分，也沒有選手會因為中暑而倒下。但是到了這個可以盡情補水的時代，反而有人因為中暑昏倒，真是不可思議。

或許是因為現今的氣溫比以前高，濕度和空氣品質也都和以前不一樣，但是太過於小心避免中暑，攝取太多水分，導致「水中毒」（低血鈉症）的案例也屢見不鮮。

我指導選手在駒澤公園進行二十公里或三十公里的長跑時，至少要到八到十公里的地方才會給水。當然，前提是要先在起跑前適度地攝取水分。

溫度或濕度太高的時候也會在六到七公里處給水，但基本上就算是三十公里的長跑，也只會補給兩次運動飲料（會另外提供用來幫手、腳、脖子降溫的水）。

除了水分補給以外，也有很多人對跑鞋變得神經過敏。舉例來說，不少人會分別穿不同的跑鞋進行速度練習與長跑。

但是恕我直言，想也知道跑鞋比以前有長足的進步，變得很輕，緩衝也做得很好。只要是大牌子的跑鞋，只要鞋底不是極端的薄或極端的厚，都能大幅降低受傷的風險。與其費時挑選跑鞋，不如把注意力集中在如何跑得更快還比較好。

可以理解反正都要穿，是人都想選擇更可以發揮實力的跑鞋，但是大可不必鑽牛角尖地把跑鞋分門別類，針對每一種用途都買一雙。

川內對練習用的跑鞋也沒什麼概念，比賽時雖然會換上比賽用的跑鞋，練習時則改穿鞋底比較厚的跑鞋。凡事不要想得太嚴重，不妨以更輕鬆的心情面對。反正就只是「跑步」而已。

長跑練習不需要跑到四十公里

聽說也有業餘跑者每個月會跑超過五百到六百公里的距離。如果是因為自己想跑才跑，又不會受傷的話倒是無所謂，但如果是基於想多跑一點的念頭，受到「今天也非跑不可」的義務驅使，則必須重新考慮。

馬拉松想跑得脫穎而出，累積一定的距離固然重要，更重要的是「張馳有度」。若是以我的練習法為基礎，一定要集中精神完成每週兩次的重點練習。為此其他天的慢跑練習則不要追求距離比較好。

如同我再三強調，川內每個月的跑步距離為六百公里左右，比起實業團選手多的時候每個月跑到一千公里以上，以日本頂尖的選手來說，他算是跑得比較少。

儘管如此他還是能跑出好成績，因為他會集中精神完成每週兩次的重點練習，銜接的慢跑也不會一味地追求距離，而是比照大學時代，邊用自己的頭腦思考，調整成張弛有度的練習。

與其被距離追著跑，把自己搞得筋疲力盡，失去幹勁，練習量還是不要貪多比較好。

即使每個月只跑兩百公里，只要自己能接受就好了，要是覺得還不夠，屆時再增加練習量即可。不要人云亦云，隨著「練習就是要把距離跑出來」的觀念起

舞，從錯誤中摸索，找出最適合自己的距離也是跑馬拉松的醍醐味。

這也可以說是要尋找「只要跑這麼多距離就行了」的感覺。

關於馬拉松的長跑練習，一般的業餘跑者不需要像頂尖選手那樣跑到「四十公里」的長跑練習，只要能跑上三十公里就行了，至多也只要三十五公里就夠了。我讓川內跑四十公里，是因為他是實力堅強的選手。這樣的距離或許能讓中高齡的業餘跑者有自信，可是一旦超過這個距離，對身體的傷害就太大了。

以「跑完步的晚上不妨來一杯美味的酒」這種輕鬆的心情來跑最剛好。但凡擁有這種游刃有餘心情的人，實際上都能跑得很快，重點在於不要逼自己，隨時保持行有餘力，快快樂樂地練習。

第七章

津田式練習計畫

有計畫地立定賽季目標

本章將更具體地解說我的練習法。

首先一年只參加二到三次全程馬拉松正式比賽，以兩次為主，十一月到十二月一次、一月到三月再一次，其他時間則是為迎戰正式比賽的「練習賽」。

或許也有不少業餘跑者會模仿川內，整個賽季幾乎每週上場比賽，若是樂在其中倒也沒什麼太大的問題，但如果是想跑出好成績，要把比賽當成練習一樣，必須張弛有度。

請把正式比賽與練習賽分開，各自立定目標。重點在於能不能讓自己的身體在最佳狀態（巔峰）參加正式比賽。這點即使是經驗老到的頂尖選手也不容易辦到，要如何讓身體處於最佳狀態也因人而異，沒有絕對適合每個人的標準答案。

關鍵在於參考別人的作法，同時用自己的頭腦思考，反覆嘗試，累積經驗。

我的練習法是以每週兩次重點練習（週三的速度練習、週六的長跑）為主軸，如果想在SUB 400[12]跑完馬拉松，光靠每週一次的重點練習（長跑）或許就能達成，但還是以每週兩次的練習最能見效。

不管怎樣，都要專注於重點練習，確實地跑完設定的趟數或距離，因為這跟馬拉松的最後幾圈跑得好不好息息相關。

SUB 400、SUB 330、SUB 300的練習菜單

我為立志刷新自己跑馬拉松時間紀錄的業餘跑者設計了比賽前八週的練習菜

12 SUB：通常使用在全馬成績。SUB表示以下，SUB後面接的數字表示時間。

單，好讓他們能在比賽時跑出 SUB 400、SUB 330、SUB 300 的成績。

全都是以週三的「速度練習」、週六的「長跑」為基礎，正式比賽兩週前的週六則是「三十公里長跑」。

跑者的類型及跑步能力因人而異，所以上述的練習法只能當成參考，如果是遲遲無法達成目標，或是始終無法縮短時間的人，應該都值得一試。

各種練習菜單的基礎頂多只能做為參考，狀態不好時，不需要勉強保持菜單上的速度，但是請確實跑完設定的「趟數」或「距離」。

即使已經習慣長跑，還是有很多人不擅長間歇跑。這種人不妨從四百公尺等距離比較短的間歇跑開始，藉此記住速度感。

請用跟一千公尺間歇跑同樣的速度跑四百公尺，再以兩百公尺的慢跑（七十到七十五秒）銜接。

我想跑得比較快的人跟跑得沒那麼快的人感覺肯定有天壤之別，所以請務必透過練習找出適合自己、絕不勉強的時間。

重點在於一定要確實執行兩百公尺的銜接慢跑時間（七十到七十五秒），並且盡可能以最快的速度，保持一定的速度從頭跑到尾。

這麼一來，跑姿就不會亂掉，能在保護膝蓋、意識到節奏感的情況下完成高品質的練習。

邊保持游刃有餘的速度進行重點練習，跑完後若還有體力，請加速再跑一趟。追加的這一趟最多只是錦上添花，所以千萬不要勉強。

當比賽在即，週三的速度練習可以稍微縮短距離，以讓動作變得俐落為目的，把注意力放在「中段加速」。

川內比賽前一天會利用一萬兩千公尺的配速跑再加一趟兩千公尺來激發自己的潛力，一般的業餘跑者不需要做到這個地步，因為這樣只會增加無謂的疲勞。

可行的代替作法是比賽前一天花十或二十分鐘輕鬆地慢跑，然後再以全力以赴的六成力的感覺，輕鬆地跑三趟一百公尺的「短距離全速衝刺」。只要掌握到跑步的感覺或節奏感即可。

除了週三與週六的重點練習，基本上都是慢跑，希望大家都能視自己的身體狀況，針對重點練習進行「調整」。因為不少跑者都會因為比賽在即而努力過頭，導致受傷，所以千萬要記得不要努力過頭。

結束練習時，要隨時都能保持「明天也想再跑」的心情，才是能跑出好成績的高品質訓練。

開場白太長了，以下為各位介紹針對各種目標時間的練習菜單，只列出每週兩次的重點練習，其他時間請配合自己的身體狀況，在意識到節奏感的前提下，以消除疲勞為目的，用慢跑來銜接。

SUB 400 練習菜單

SUB 400就是指四小時以內，從起點跑到終點的平均（even）速度為每公里五分四十秒完賽，但實際上要以養成再快十秒的「每公里五分三十秒」的速度感覺為目標。只要能以每公里五分三十秒的平均速度跑完全程，抵達終點的時間為三小時五十二分。假設跑到最後速度都會掉下來，至少要養成這樣的速度感才能追回慢下來的時間。

週三的速度練習請保持每公里五分三十秒到五分五十秒的速度。週六的長跑請保持每公里五分四十秒到六分〇〇秒的速度。目標速度設定得比較慢才能產生對速度的餘力，比起加速，更希望各位能確實養成慢慢追趕上去的的感覺。

倘若這個速度不過癮，不妨在跑完設定距離後，再加速「多跑兩公里」。不一定要追加這兩公里，但這兩公里有助於培養最後衝刺的感覺。

SUB 400 訓練表

（括號內為每公里配速時間）

比賽 8 週前

週六：15 公里長跑（6 分 00 秒）＋ 2 公里

週三：6000 公尺（5 分 50 秒）＋ 4000 公尺（5 分 40 秒）＋ 2000 公尺（5 分 30 秒）＋ 300 公尺

比賽 7 週前

週六：12 公里長跑（5 分 50 秒）＋ 2 公里

週三：1000 公尺（5 分 30 ～ 35 秒）×6 到 8 趟

比賽 6 週前

週六：15 公里長跑（5 分 50 秒）＋ 2 公里

週三：10000 公尺（5 分 40 秒）＋ 1000 公尺

比賽 5 週前

週六：20 公里長跑（5 分 50 秒）＋ 2 公里

週三：10000 公尺（5 分 40 秒）＋ 2000 公尺

比賽 4 週前

週六：25 公里長跑（6 分 00 秒）＋ 2 公里

週三：3000 公尺（5 分 30 ～ 35 秒）×3 趟＋ 1000 公尺

比賽 3 週前

週六：25 公里長跑（5 分 50 秒）＋ 2 公里

週三：「4000 公尺（5 分 35 秒）＋ 2000 公尺（5 分 25 秒）」×2 趟（中間休息 10 分鐘）＋ 300 公尺

比賽 2 週前

週六：30 公里長跑（6 分 00 秒）＋ 2 公里

週三：8000 公尺（5 分 35 ～ 40 秒）＋ 2000 公尺

比賽 1 週前

週六：12 公里長跑（5 分 40 秒）＋ 2 公里

週三：6000 公尺（每公里 5 分 25 ～ 30 秒）＋ 2000 公尺

SUB 330 練習菜單

三個半小時以內（SUB 330）換算成平均速度大約是剛好用五分鐘跑完一公里，但是要以養成再快十五秒的「每公里四分四十五秒」的速度感覺為目標。只要能以每公里四分四十五秒的平均速度跑完全程，抵達終點的時間就是三小時二十分鐘左右。假設跑到最後速度都會掉下來，至少要養成這樣的速度感才能追回慢下來的時間。

週三的速度練習請保持每公里四分四十五秒到五分〇〇秒的速度，週六的長跑請保持每公里五分〇〇到三十秒的速度。不妨將比賽的速度設定為每公里比五分鐘再短一點的時間。

SUB 330 訓練表

（括號內為每公里配速時間）

比賽 8 週前

週六：20 公里長跑（5 分 30 秒）＋ 2 公里

週三：8000 公尺（每公里 5 分 10 秒）＋ 4000 公尺（5 分 00 秒）＋ 2000 公尺（4 分 50 秒）＋ 300 公尺

比賽 7 週前

週六：15 公里長跑（5 分 20 秒）＋ 2 公里

週三：1000 公尺（4 分 50 ～ 55 秒）×8 ～ 10 趟

比賽 6 週前

週六：20 公里長跑（5 分 20 秒）＋ 2 公里

週三：10000 公尺（5 分 00 秒）＋ 1000 公尺

比賽 5 週前

週六：15 公里長跑（5 分 10 秒）＋ 2 公里

週三：10000 公尺（5 分 00 秒）＋ 2000 公尺

比賽 4 週前

週六：20 公里長跑（5 分 10 秒）＋ 2 公里

週三：4000 公尺（4 分 55 秒）＋ 2000 公尺（4 分 45 秒）」×2 趟（中間休息 10 分鐘）＋ 300 公尺

比賽 3 週前

週六：25 公里長跑（5 分 10 秒）＋ 2 公里

週三：2000 公尺（4 分 45 ～ 50 秒）×4 ～ 5 趟＋ 300 公尺

比賽 2 週前

週六：30 公里長跑（5 分 15 秒）＋ 2 公里

週三：10000 公尺（4 分 55 ～ 5 分 00 秒）＋ 2000 公尺

比賽 1 週前

週六：15 公里長跑（5 分 00 秒）＋ 2 公里

週三：8000 公尺（4 分 50 ～ 55 秒）＋ 2000 公尺

SUB 300 練習菜單

立志在三小時以內（SUB 300）跑完的人，平均速度為每公里四分十五秒，但是要以養成再快十五秒的「每公里四分鐘」的速度感覺為目標。

只要能以每公里四分鐘的平均速度跑完全程，抵達終點的時間就會在兩小時五十分以內。假設跑到最後速度都會掉下來，至少要養成這樣的速度感才能追回慢下來的時間。

週三的速度練習請保持每公里三分五十秒到四分十五秒的速度。週六的長跑請保持每公里四分二十秒到四分四十秒的速度，請保持比正式比賽稍微慢一點的速度來跑。

SUB 300 訓練表

（括號內為每公里配速時間）

比賽 8 週前

週六：25 公里長跑（4 分 40 秒）＋ 2 公里

週三：8000 公尺（4 分 25 秒）＋ 4000 公尺（4 分 15 秒）＋ 2000 公尺（4 分 05 秒）＋ 300 公尺（中間以 200 公尺慢跑銜接）

比賽 7 週前

週六：20 公里長跑（4 分 35 秒）＋ 2 公里

週三：1000 公尺（3 分 50 ～ 55 秒）×8 ～ 10 趟

比賽 6 週前

週六：25 公里長跑（4 分 35 秒）＋ 2 公里

週三：10000 公尺（4 分 20 秒）＋ 1000 公尺

比賽 5 週前

週六：20 公里長跑（4 分 30 秒）＋ 2 公里

週三：12000 公尺（4 分 20 秒）＋ 2000 公尺

比賽 4 週前

週六：25 公里長跑（4 分 30 秒）＋ 2 公里

週三：「4000 公尺（4 分 10 秒）＋ 2000 公尺（4 分 00 秒）」×2 趟（中間休息 10 分鐘）＋ 300 公尺

比賽 3 週前

週六：25 公里長跑（4 分 25 秒）＋ 2 公里

週三：2000 公尺（4 分 05 ～ 10 秒）」×5 ～ 6 趟＋ 300 公尺

比賽 2 週前

週六：30 公里長跑（4 分 25 秒）＋ 2 公里

週三：12000 公尺（4 分 15 ～ 20 秒）＋ 2000 公尺

比賽 1 週前

週六：20 公里長跑（4 分 20 秒）＋ 2 公里

週三：10000 公尺（4 分 10 ～ 15 秒）＋ 2000 公尺

比賽八週前的八千公尺＋四千公尺＋兩千公尺＋三百公尺之類的練習菜單是用來代替漸進加速跑，中間再穿插慢跑，可以轉換心情。

業餘跑者的馬拉松訓練法

以下介紹我指導過的業餘跑者實例，雖說是業餘跑者，但也是在二〇一三年十二月的福岡國際馬拉松跑出兩小時十八分十七秒（十六名）佳績的跑者——森貴樹。

對於一般的業餘跑者或許是水準相當高的例子，森是全職上班族的業餘跑者，但是每週兩次重點練習、其他時間以慢跑銜接的大方向跟大家一樣，所以請務必配合自己的跑步能力套用，以為參考。

森出身自成蹊大學田徑社，經常與學習院大學的選手一起練習，所以我當時就認識他。大學畢業半年後，在二〇〇六年的福岡國際馬拉松跑出兩小時二十三分的成績，後來以少於兩小時二十分為目標，一個人開始練習。

週三的速度練習以兩分五十五秒的速度跑十趟一千公尺的間歇跑，週六則以每公里三分三十秒跑完三十公里的長跑，森真的很努力。因為以兩小時二十分跑完全程馬拉松的平均速度為每公里不到三分二十秒，顯然練習時是以相當快的速度在跑。

事實上，聽說他每次練習都卯足全力，還沒消除疲勞，就繼續展開下一次的練習，每天身心俱疲，結果導致「真不想跑了……」的情況愈來愈多。

後來我在偶然的機會下與森重逢，他拜託我當他的教練，於是我從二〇一一年十月開始擔任他的教練。兩年後，森三十三歲的時候終於達成兩小時二十分鐘以內的目標。

我每週六直接指導他進行重點練習，剩下的六天則以電子郵件向我報告，我也用電子郵件做出指示，這點跟川內一模一樣。

每週做兩次重點練習（週三的速度練習、週六的長跑），其他的時間基本上都是八十到一百分鐘的慢跑（每公里六到七分鐘）。

週三的速度練習為十五趟一千公尺（三分到三分十秒）、六到八趟兩千公尺（六分二十秒到六分四十秒）、四趟三千公尺（九分三十秒到十分〇〇秒）等等。週六在駒澤公園跑，練習菜單為一圈約二．一三公里的距離跑十到十六圈再加上最後一圈衝刺（七分十五秒到四十五秒）。

下一頁為各位介紹實際的重點練習菜單。

森的練習菜單當然也是以「放慢速度」為基礎。重點練習則把焦點放在跑姿不會亂掉、記得要保護膝蓋、讓身體記住節奏感。雖然我只寫出重點練習和比賽，其他天都是消除疲勞及培養節奏感的慢跑。

為了迎接福岡國際馬拉松，還加入二十公里長跑、半馬、全馬和三場比賽，做為練習的一環。

基本上，週三利用田徑跑道進行速度練習（間歇跑和配速跑），週六長跑。除了有時候週日要參加比賽以外，週六的長跑幾乎都是利用駒澤公園來完成。

駒澤公園的一圈為二．一三公里，十二圈約二十五公里，十四圈約三十公里。跑十二圈（約二十五公里）的速度為每公里三分三十到三十五秒，跑十四圈（約三十公里）的速度為每公里三分三十五到四十秒。

如前所述，如果想以兩小時二十分的平均速度跑完全程馬拉松，等於每公里不能超過三分二十秒，可見就算距離比全馬還短，基本上也都是以比較緩慢的速度練習。

隨著正式比賽愈來愈靠近，會一點一點地提升速度，基本上還是以冷靜沉著

重點練習的菜單

（括號內為每公里配速時間）

10/02 日（三） 12000～14000 公尺（3 分 35～40 秒）＋ 2000 公尺

10/06 日（六） 駒澤公園 14 圈（1 圈 7 分 40 秒～ 45 秒）＋ 1 圈

10/09 日（三） 8000 公尺（3 分 35 秒）＋ 4000 公尺（3 分 25 秒）＋ 2000 公尺（3 分 15 秒）＋ 300 公尺

10/13 日（六） 駒澤公園 12 圈（1 圈 7 分 30 秒～ 35 秒）＋ 1 圈

10/16 日（三） 1000 公尺（3 分 00～05 秒）×8～10 趟

10/20 日（日） 高島平・日刊體育報田徑賽（20 公里）

10/23 日（三） 14000 公尺（3 分 40 秒）＋ 1000 公尺

10/27 日（日） 島田大井川馬拉松 in Liberty（全馬）

10/30 日（三） 12000 公尺（3 分 40 秒）＋ 2000 公尺

11/02 日（六） 30 公里（3 分 40 秒）

11/06 日（三） 3000 公尺（3 分 15～20 秒）×4 趟＋ 1000 公尺

11/09 日（六） 駒澤公園 14 圈（1 圈 7 分 35 秒～ 40 秒）

11/13 日（三） 2000 公尺（6 分 20～30 秒）×5～6 趟＋ 300 公尺

11/17 日（日） 上尾半程馬拉松

11/20 日（三） 14000 公尺（3 分 25～30 秒）＋ 2000 公尺

11/23 日（六） 駒澤公園 12 圈（1 圈 7 分 25～30 秒）＋ 1 圈

11/27 日（三） 12000 公尺（3 分 25～30 秒）＋ 2000 公尺

12/01 日（日） 福岡國際馬拉松

※駒澤公園 1 圈為 2.13 公里。

的速度慢慢跑。

以森的實力而言，即使速度再快一點，他應該也能勝任愉快，但刻意不提升速度，而是在跑姿不會亂掉，記得要保護膝蓋的情況下，游刃有餘地結束練習。

不過「最後一趟兩千公尺」就不設定時間，讓他以自己喜歡的速度跑。最快的時候可以用六分二十六秒（每公里三分四秒）跑完最後一圈。

森是有全職工作的業餘跑者，所以很有參考價值，只要配合自己的跑步能力設定時間或增減趟數，肯定能留下好成績。

「努力過頭」一看就知道

我從森三十歲的時候開始指導他，起初他還很擔心「這麼輕鬆的練習沒問題嗎？」川內剛進大學的時候也是相同的反應。我向他保證「兩年內一定讓你突破兩小時二十分」。森大概跟川內一樣，一開始都覺得「真的還是假的？」

努力的跑者很容易焦慮不安，勉強自己執行比我給的練習菜單更多的練習量。本人或許會假裝只做了我交代的練習，但是只要在每週一次的週六重點練習直接看到他們跑步的模樣，全都瞞不過我的眼睛。

我問他：「你是不是做了菜單以外的練習？」他老實回答：「覺得設定的速度太慢，不小心就加快速度了。」

我要他在週六的重點練習前一天以電子郵件向我報告自己的身體狀況等，再根據他的報告調整週六的重點練習菜單。有的選手會一五一十地交代，有的選手則不然。我已經掌握住每個選手的個性了，光看他們寫的電子郵件就知道身體狀況是真的好，抑或只是用文字打馬虎眼。

先姑且相信他們的報告，再觀察當天的熱身狀況，有時候也會變更時間設定，像是「今天比原定計畫少跑十公里吧」。

很多人在跑馬拉松的時候會在三十公里或三十五公里的地方「撞牆」。身體再疲勞狀態會開始儲存在體內的熱量，尤其是儲存在肌肉及肝臟，名為「肝醣」的醣分減少，速度的確會慢下來，但我認為心理上的問題也脫不了關係。

那麼要如何事先避開那堵高牆呢？答案是要從平常的練習就告訴「大腦」那堵牆是不存在的。為此則要培養以一定的速度跑完全程的感覺。

舉例來說，森在繞著駒澤公園跑十四圈的時候，會以一圈七分四十秒的速度來跑。這時我會提醒他：「不可以跑得比七分四十秒快，也不能跑得比七分四十秒還慢。」

因為始終保持一定的速度，每一圈的誤差只有正負一兩秒。跑完既定的十四圈後，如果還有體力，則以自己喜歡的速度再跑最後一圈。要達到這樣的水準，必須累積足夠的經驗，任何人都能辦得到，所以請好好加油。

第八章

津田式賽道攻略

全程馬拉松的準備工作

最近與馬拉松有關的資訊多得不得了，再加上有很多熱衷學習的業餘跑者，感覺有把事情想得太難的傾向。馬拉松的確是一門深奧的學問，不是自己想怎麼跑就能怎麼跑的運動，但說穿了依舊只是「跑步」。

請不要把練習和正式比賽想得太難，想得簡單一點反而能跑出好成績。唯一要注意的頂多只有別在比賽前一天喝太多酒，這樣就行了。

即使目標是要刷新自己的記錄或突破某個整數關卡，我也希望大家能以「快樂地跑步」為目的，對自己太嚴格並不是好事。話說回來，跑馬拉松本來就沒有「這個一定要吃」、「那個一定要做」的硬性規定。

不過關於飲食，最好還是在正式比賽的兩週前一點一點地增加醣類的攝取量，亦即所謂的「肝醣超補法」。並沒有什麼東西一定要攝取多少的規定，只要養成一點一點增加醣類攝取量的粗略概念就行了。

我告訴過川內，就算體重增加一公斤也無妨，總之要正常地吃飯。與身高相同、體形壯碩的選手比起來，川內本來就屬於體重比較重的馬拉松跑者，或許也因為身上的肌肉夠厚才比較不怕冷。冬天的馬拉松比賽有時會下雨，反而對川內有利。事實上，二〇一一年的東京馬拉松就是雨天的賽事，當時他是以日本人第一名的成績衝過終點。

天氣冷比較容易想上廁所，希望大家都能尿乾淨，神清氣爽地站在起跑線。

注意「節奏」而非「圈數」

正式比賽時，不需要設定太仔細的時間，以「發揮自己的能力」這種簡單的想法參加，我覺得剛剛好。

無論以什麼樣的方式起跑，總之「抵達終點」才是最重要的。聽起來好像是廢話，但無論如何都要跑完四十二．一九五公里，用走的也沒關係，能抵達終點的跑者都是「贏家」，中途退賽的選手才是「輸家」。

跑馬拉松時，對於「距離」的潛在不安影響甚大。如果是一百公尺短跑，終點近在眼前，但是漫長的四十二．一九五公里，一路上充滿許多無法預測的要素。為了消除對距離的不安，請務必利用前面介紹過的日常練習，好好地適應長距離。

一旦開始比賽，大部分的業餘跑者都會邊跑邊以一公里或五公里的單位仔細地確認單圈時間。現在有很多業餘跑者都會戴上可以自動通知單圈時間，既高科技又昂貴的GPS手錶。然而，比起一公里或五公里的單圈時間，跑步的時候更應該注意「節奏」。

如果要確認單圈時間，請在一開始的時候這麼做。倘若一開始的速度夠穩定，之後就能跑得很有節奏。接下來只要在通過中間點的時候和三十公里以後再看錶即可。因為在三十公里以後的比賽尾聲再來看時間，有時候可以激發潛力。

就算過中間點的時間比預期的時間稍微慢了一點，只要用練習時培養出來的「韌性」將慢下來的速度控制在最小範圍內，就能充分跑在目標時間之內。相較之下，以超乎當天體能的高速拚命追趕、產生「前半段要跑出這種時間才行」的想法，只會在後半段馬失前蹄。

不要把一半的距離當成中間點，而是把三十公里以前都當成前半段，以輕鬆的心情來跑。後半段的速度不太可能比前半段快，所以只要專注於後半段如何盡可能接近前半段的時間就行了。

此外，比賽到了後半段，如果自己心目中有競爭對手，像是想贏過哪個練習的伙伴或想追上前面那個跑者，將有助於保持比賽中的動力。

不見得是認識的人，只要把比賽中跑在身邊的跑者都視為「小小的目標」，就能產生繼續往前跑的欲望。這部分也可以當成是一種遊戲。

將比賽經驗善用於訓練中

有一點很重要，就是一旦平安無事地跑到終點，就要再回過頭來反省整場比賽跑步的內容。

跑完就不管的話，無法將這次的經驗運用在下一次比賽。馬拉松是很簡單的運動，無非是如何用最快的速度跑完四十二・一九五公里，但同時也是很困難的運動，因為不容易跑得稱心如意。即使成功地抵達終點，下次也不見得還能跑出好成績。

儘管如此，累積失誤的經驗還是能提高下一場比賽的表現水準。想太多固然不好，但馬拉松畢竟是很吃經驗值的運動，可以從失敗中得到很多教訓，這點跟商場或人生是一樣的道理。

參加用來代替練習的比賽時，請每次都要為跑步立定目標。

例如參加用來代替練習的十公里比賽時，不要用平均速度來跑，而是前面五公里故意以最快的速度衝刺，後面五公里再掙扎著跑完全程，以培養「韌性」。

因為變得很痛苦的後面五公里非常接近馬拉松三十五公里以後的狀況，就算只有十公里，也會變成高強度的練習。

如果是半程馬拉松，請先以平均速度跑完十五公里，再慢慢加速，變成漸進加速跑，試著在平常練習時無法體會到的比賽獨特氛圍下完成事先立定的目標。重點不是更新自己跑那些距離的紀錄，而是達成自己的目標，就能累積質量俱佳的練習，迎接正式比賽。除了鎖定的比賽以外，最好盡量挑戰各式各樣的新課題。

比賽有適度的緊張感能提高注意力，產生正式比賽時特有的腎上腺素。如前所述，一次比賽在感覺上具有三次重點（強化）練習的效果。

或許是效法川內幾乎每週參加比賽，一般的業餘跑者中也有愈來愈多人幾乎每週都參加比賽，好像還有人連續兩週跑完全程馬拉松。積極上場比賽，以完成自己給自己的習題的確是個好方法，但絕不能過頭。

如果跑步能力到達森的等級，只要第二天休息一下，馬上就能恢復到可以跑長距離慢跑的狀態。但是一般的業餘跑者，尤其是年紀比較大的跑者，需要更多時間才能消除疲勞，請特別注意。

從某個角度來說，高強度的比賽及重點練習會讓肌肉纖維以微米的單位出現裂痕，是一種「破壞肌肉的運動」。跑步之後必須攝取蛋白質等養分，透過休息，讓肌肉成長（稱之為「超補償」）。

別忘了休息的時候才會長肌肉，千萬別小看休息的重要性，好好地慰勞一下自己的身體。

一年三次正式比賽就夠了，除此之外用來代替練習的比賽請以達成每次立定的目標為第一優先，衝線的時間即是其次。

要是因為前一場比賽的疲勞還沒有恢復，無法發揮實力，硬要上場反而受傷的話就太遺憾了。

總而言之，請隨時留意「不要太努力」。

心態的照料重於肉體的照料

似乎也有教練會說出「練習時辦不到的事，比賽時怎麼可能辦到」這種乍聽之下毫無破綻的話，但我不這麼認為。

練習時大可不用比照正式比賽。練習時最多跑三十公里就夠了，而且跑得比比賽速度慢也沒關係。因為正式比賽會產生緊張感與集中力、獨特的腎上腺素，發揮比練習更好的成果。

練習則要隨時保持游刃有餘，在「隨時能發揮比現在更堅強的實力」的感覺下結束練習。最後產生「再也跑不動了！」的念頭，這種拚死拚活的練習無法持之以恆，所以我才說「不要太拚、不要太拚」。

肉體的疲勞只要休息就能消除，可是心理上的疲勞就不是這麼回事了。原因琳琅滿目，但淤積在內心的疲勞一定要找到出口發洩掉。

針對這一點，川內最常做的是「一個人去唱KTV」，可以連唱四個小時面不改色。因為心理的疲勞不像肉體的疲勞那麼容易發現，平常就要豎起能察覺內心疲勞的天線，也別忘了要發洩壓力。

也有人明明是為了消除壓力才跑步的，曾幾何時卻因為跑步而累積了壓力。「紀錄一直突破不了」、「老是輸給競爭對手」等狀況一旦持續下去，心就會生病，回過神來，跑步已經變成一件苦差事了。

為了不要讓事情變成那樣，總之就是別太努力，盡量放鬆。跑步並不是業餘跑者的工作，要是反而因此討厭跑步真的很可惜。

不要鑽牛角尖，在照顧好心態的前提下享受跑馬拉松的樂趣，才能一直快快樂樂地跑下去。

終章

為何要跑馬拉松？

最理想的練習要讓人覺得「明天還想再跑」

各位是為了什麼開始跑馬拉松呢？提到夢想二字或許太誇張了點，但應該有什麼目的才會開始跑步。

或許一開始並未想到要跑馬拉松，而是以減肥或健康管理為目的。其中大概有不少人是因為「跑過一次以後，覺得跑完喝的酒特別美味，就一直跑下去了」。

無論是什麼原因，只要一點一滴地加長跑步的距離，就能參加十公里或半程馬拉松的比賽，然後野心變得更大，開始在意起時間來，最後終於大膽挑戰全程馬拉松。

我猜有很多人都是因為這樣迷上馬拉松。不知不覺間，開始在平常的練習中對每個月跑的距離、縮短的時間耿耿於懷，很多人會忘了當初跑步目的的。

我強烈建議不要基於「今天得跑完二十公里」、「必須保持在每公里四分半的速度才行」這種不得已的感覺來跑，而是打從心底感謝今天還能跑。更重要的是，希望大家都能一面享受跑步的樂趣，在「明天還想再跑」的心情下結束練習，這才是避免受傷、縮短時間的不二法門。

我感覺各位業餘跑者中有很多人對自己的要求都太嚴格了。在我經常去指導選手跑步的駒澤公園也經常可以看到過於賣力練習的業餘跑者。

這是因為看到跑步能力跟自己差不多的慢跑同伴達成四小時以內或三小時以內的目標欣喜若狂的模樣，因而產生「才不會輸給你呢！」的競爭心理，就連練習都用力過猛。

如果這樣能變成跑步的動力倒也不是壞事，問題是我懷疑有多少人面對目標做出「正確的努力」。一旦努力錯方向，再努力都不會有好結局，只會導致受傷，精神上被逼入絕境，引起惡性循環。

重點還是要張馳有度

用過快的速度跑完過長的距離，或許會有成就感，但也可能侵蝕身體，演變成「只會導致受傷的練習」，而且這是非常有可能的事。

我經常叮嚀自己指導的選手「不管發生什麼事，都要往好處想。」但我依舊認為努力遲早會有收穫，重點在於要一點一滴、一心一意地儲備自己的能力。

人生也一樣，無論做任何事，只要持之以恆，一定會有收穫。夢做得愈大，愈要腳踏實地，持之以恆地付出正確的努力。

雖說要正確地努力，但作法各有巧妙不同。我只能說，要是缺乏就連平常的練習也能樂在其中的「張弛有度」，就無法持之以恆。

各位想必也是因為不討厭跑步才開始練習的。要是因此變得討厭練習，可就本末倒置了。

我的指導法是每週兩天集中精神，努力從事重點（強化）練習，剩下的時間基本上就只有用來消除疲勞的慢跑，而且還是以「別太努力」、「享受跑步的樂趣」為宗旨。我總是不厭其煩地提醒受我指導的川內「不要太拚、不要太拚」。我的練習法起初似乎讓川內飽受衝擊，但他還是交出了漂亮的成績單。

希望各位讀者也能了解川內之所以變強的秘訣，一面享受跑步的樂趣，一面接近自己的目標時間。

不要聽到什麼就相信什麼

川內以前也這麼想，但是並沒有「只要持續進行重度練習就能變快」這回事。請在自己心裡培養「輕鬆面對」的直覺，千萬不要受傷。比起思考怎麼跑得快一點，提醒自己不要受傷才是最重要的。川內高中時代也曾經為受傷所苦，我向他保證「大學四年絕不會讓你受傷」。

本書介紹以目標時間分類的練習菜單只是用來實踐我的指導法大方向，即使從事相同的練習，也不見得就一定能跑出好成績。然而，只要配合自己的狀態，適度加以調整，應該就能接近自己的目標時間。川內和森一開始也都半信半疑，但是都在「不努力的練習」下確實成長了。

業餘跑者中也有人會聽到什麼就相信什麼，不小心努力過頭。例如書上明明寫著「短距離全速衝刺三趟」，偏偏就有人要使盡全力跑四、五趟，這麼做毫無意義，希望大家都能更輕鬆地面對跑步這件事。

努力這種事誰都會，反而是不努力比較困難。

最後的五十公尺可以全力衝刺。但是跑馬拉松的時候，不是在最後五十公尺努力跑，而是保持最佳狀態，繼續跑五十公尺的感覺。

忍著別太努力

不要太努力，跑姿不能亂掉，一面注意保護膝蓋及意識到節奏感跑完全程是跑馬拉松必須「忍耐」的地方。練習時不妨時常提醒自己「別太努力」、「享受跑步的樂趣」。

川內和森是很類似的跑者，儘管他們的腳程都不快，身體也很僵硬，還有點笨手笨腳，依舊在馬拉松場上跑出優異的成績。就連不是天生就是飛毛腿的川內和森都能跑出那麼快的時間，任何人都有超越他們的可能性。

結論是倘若跑馬拉松是自己的興趣，跑得不開心就沒有意義了。我已經說過好幾次，千萬不要忘記「別太努力」、「享受跑步的樂趣」。希望大家都能永遠享受到馬拉松這項競技的樂趣。

設定好前提再來享受跑馬拉松的樂趣，才能一直快快樂樂地跑下去。

附錄

附錄01

跑步常見術語

＊資料整理：一心文化編輯部，而非原書作者撰寫

1. **馬拉松**（Marathon）：全程馬拉松距離為四十二・一九五公里（二十六・二英里），超過這個距離的賽事稱為「超馬」（通常是五十公里以上）。

2. **半程馬拉松**（half Marathon）：全程馬拉松一半的距離，簡稱「半馬」，距離為二十一・○九七五公里，通常賽事會以二十一公里或二十一・一公里為標準，超過二十一公里的賽事通常稱為「超半馬」。

3. **配速**（pace）：指跑步時每公里所花的時間。例如：以五十分鐘跑了十公里，平均每公里所花的時間五分鐘，那麼配速記為5'00"（五分○○秒）。在訓練菜單或者GPS錶上看到的配速顯示也是以這個方式呈現。

4. **配速員**（pacer）：也稱為「兔子」（rabbit）。跑步賽事中的領跑員，配速員對自己速度和節奏控制較精準，可以幫助參加者達到目標成績；同時也有讓跑者把配速員當成獵物，激勵跑者鬥志的目的。通常馬拉松賽事中會有不同時間區間的配速員，例如 SUB 400、SUB 330 等等，表示跟著配速員的速度，就能跑進四小時、三小時三十分鐘的時間。

5. **菁英跑者**（Elites）：通常是職業跑者或贊助商選手，以爭奪獎牌、獎金為目標，起跑時會被安排在最前面。近年有許多業餘跑者的成績達到菁英跑者的門檻，在某些賽事就能直接受邀參賽。

6. DNF（did not finish）：通常會顯示在完賽結果中，表示跑者由於受傷或惡劣天氣等原因未完成比賽。

7. PB（personal best）：個人最佳成績，指的是跑者完成特定比賽距離的最快時間。在美國通常使用 PR（personal record），二者意思相同。

8. BQ（Boston qualify）：指參加波士頓馬拉松的資格。能獲得 BQ 對於每一個跑者都是一種榮譽的象徵，因為 BQ 的要求實在太高，請參見第一八九頁世界六大馬拉松介紹。

9. SUB：通常使用在全程馬拉松中，SUB 表示以下，SUB 後面接的數字表示時間。例如：SUB 300，表示三小時以下；SUB 330，表示三小時三十分鐘以下。

10. **輕鬆跑**（easy run）：不計時間、距離的輕鬆跑步。

11. **配速跑**（tempo run）：以某個配速跑特定距離。通常配速跑會有不同的訓練組合，例如：以十五公里的練習來說，可能會有三段配速要求，前五公里配速 5'30"、五到十公里配速 5'15"、十到十五公里配速 5'00"，意即在該距離內，平均要以規定的速度來跑。主要是訓練跑者的均速能力、確保跑者可以維持長距離的穩定跑速。

12. **馬拉松配速**（Marathon pace）：簡稱 MP，指跑完全馬距離所花的總時間換算的每公里平均配速。

13. **間歇跑**（interval running training）：間歇跑是由快速跑與休息交替進行而組成的訓練，跑時的速度通常比自己的 MP 還要快。休息時大多是走或慢跑，而不是完全停止下來。主要是進行供能系統（有氧及無氧系統）的交互訓練。通常跑步練習菜單上會以 800×200、1000×400 等等的方式呈現，意即衝刺八百公尺，慢跑兩百公尺、衝刺一千公尺，慢跑四百公尺。衝刺與慢跑的時間也會依個人能力不同。

14. **漸速跑**（progression run）：在指定距離慢慢加快配速跑步。一開始會慢慢跑，然後達到 MP 配速，最後再以比 MP 配速快的速度跑完。

15. **恢復跑**（recovery run）：距離短、速度緩和，用很輕鬆的速度慢慢跑。用來幫助腿部肌肉恢復，增加血液循環以及清除乳酸堆積。通常是在重要及辛苦的訓練之前，或完成一項艱苦的訓練之後。

16. **長距離慢跑（long slow distance）**：通稱 LSD。配速大約是百分之七十的 MP，持續跑一百分鐘以上。有助於提升肌耐力、心肺能力。

17. **步頻**：跑步時，每一分鐘的步數。步數越高越理想，世界優秀跑者的步頻至少都在一百八十以上，意即每分鐘跑了一百八十步。更頂尖的跑者步頻甚至高達一百九十到兩百。

18. **跑者高潮（Runner's high）**：持續進行有氧一段時間後，人體內會分泌「內啡肽」這種激素，抑制肌肉損傷或勞累造成的疼痛感，這個感覺會讓跑者完全感覺不到疲勞，以為自己可以永遠跑下去。每個人感受到 Runner's high 的時間不同。值得留意的是，當 Runner's high 出現後，跑者很有可能會來到「撞牆期」，身體會感受到大量的疲勞與疼痛。

19. **大會時間**：馬拉松賽事主辦單位鳴槍起跑的時間到跑者通過終點的時間。

20. **個人時間**：選手起跑到通過終點的時間，通常是以晶片計時。大會時間通常會比個人時間長，這跟起跑時間有關係。

附錄02

世界六大馬拉松

＊資料整理：一心文化編輯部，而非原書作者撰寫

官方名稱是「世界馬拉松大滿貫系列賽」（World Marathon Majors，簡稱 WMM），分布在世界各地的城市，是跑者心目中的夢幻賽事，規模盛大、品質很高，每一場賽事都有其特色，分別是東京馬拉松、倫敦馬拉松、柏林馬拉松、芝加哥馬拉松、紐約馬拉松，以及門檻最高也是最難入手的波士頓馬拉松。想要參加這六場賽事不僅要抽籤拚運氣，更得有相當強的實力才能朝聖，能參加到其中一場就相當不容易。

若能收齊這六場賽事，可以獲得被跑友戲稱「波堤甜甜圈」的環狀獎牌，由六個代表該城市的圓圈組成；該跑者也被稱為「六星跑者」（Six Stars Finisher），這是相當崇高的榮譽，通過申請的跑者也可登上六大馬拉松的「英雄榜」留名。

以下是六大馬拉松的簡介與參加方式。

1.東京馬拉松 Tokyo Marathon

亞洲最大嘉年華賽事。東馬是六大馬中最年輕的賽事，於二〇〇七年開始舉辦，被許多跑友認定為「此生一定要跑一次」的賽事。

東馬的路線設計結合了觀光與城市特色，會路過：東京鐵塔、銀座、淺草雷門，最後到台場的東京國際展示場結束。沿途夾道有熱烈歡迎的群眾高達上百萬人，除了主辦單位準備的補給品以外，民眾會自主準備各種補給食物替跑者打氣。除此之外路線管制與防護措施十分完善，每次活動至少配備四千五百位警察維持秩序和安全，人群中也安排了警察跑者。沿線規劃了二十八個區塊，分別舉辦音樂演奏、舞蹈、民俗技藝表演等各式各樣的活動。維持環境方面也很用心，臨時廁所有將近一千個，每隔一百公尺就有一位清潔人員維持環境整潔。

特別的是參加的跑者有許多人會變裝打扮，讓整場賽事充滿祭典、嘉年華的感覺，是一場相當歡樂的全民慢跑賽事。

舉辦時間	每年的二月底
報名時間	前一年的八月左右
報名規則	網路登記抽籤制（另有慈善捐款名額可參加）
參賽費用	一萬兩千八百日圓
關門時間	七小時
規　模	約三萬六千人
報名狀況	東京馬拉松中籤率逐年下降，二〇一九年的東馬中籤率為百分之八點三。

2.波士頓馬拉松 Boston Marathon

歷史最悠久的賽事。於一八九七年創立，將邁入第一百二十三屆，是馬拉松跑者心中的終極殿堂，能參加波馬即是相當高的榮譽。

波馬的賽道是一條四十二公里的波士頓巡禮，其中有兩大名產讓人印象深刻：「尖叫隧道」（Scream Tunnel）與「心碎坡」（Heartbreak Hill），尖叫隧道約在二十公里處，是衛斯理學院（Wellesley College）的師生與教職員們以響亮的吶喊、歡呼迎接跑者，更是有許多女學生高舉「Kiss me」的海報激勵跑友，這樣的情景幾乎年年都有；心碎坡可以說是跑者的死敵，約在三十公里處，這時候通常跑者身體累積大量乳酸與疲勞，甚至進入撞牆期，還要面臨連續九公里、爬升高度六百英尺的上坡。能夠征服波馬賽道的都是實力堅強的佼佼者。

除了其悠久的歷史背景與賽道特色外，嚴苛的報名門檻（Boston Qualify，簡稱 BQ）可以說是波士頓馬拉松的特色之一，為此有不少跑者甚至付出多年辛苦的訓練，只為拿到波馬那終極入場門票。

二〇一三年波馬發生一起爆炸案，造成了嚴重的傷亡，此事件也被拍成電影《愛國者行動》。

二〇一八年的波馬是近年來天氣最惡劣的一年，低溫和寒雨讓許多選手紛紛棄賽，頂尖選手也完全無法維持水準，川內優輝在最後三公里迎頭趕上，超越二〇一七年波馬衛冕者，一舉拿下二〇一八年波馬桂冠。

舉辦時間	每年四月的第三個星期一（愛國者日）舉行。
報名時間	每年約在賽事前一年的九月中至九月底開始接受報名
報名規則	選手必須在波士頓馬拉松比賽日的一定時段以內（一般是大約十八個月範圍內）完成一個國際馬拉松路跑協會（AIMS）的認證賽事中獲得成績證明，完賽時間符合BQ者即可報名，請見下頁表格。（另有慈善捐款名額可參加）
參賽費用	兩百五十美元
規　模	約三萬人
報名狀況	波馬報名門檻極高，BQ只是最基本門檻，不代表拿到波馬入場券，必須通過輪番式的報名機制。入選機率取決於所屬組別的報名人數和報名者成績，個人成績超過門檻越多，越能優先拿到波馬入場券。（請見下頁）

2019 年波士頓馬拉松 BQ 標準

（均以賽事官方有效的淨時間為準）

年齡	男子組	女子組
18-34	3 小時 05 分	3 小時 35 分
35-39	3 小時 10 分	3 小時 40 分
40-44	3 小時 15 分	3 小時 45 分
45-49	3 小時 25 分	3 小時 55 分
50-54	3 小時 30 分	4 小時 00 分
55-59	3 小時 40 分	4 小時 10 分
60-64	3 小時 55 分	4 小時 25 分
65-69	4 小時 10 分	4 小時 40 分
70-74	4 小時 25 分	4 小時 55 分
75-79	4 小時 40 分	5 小時 10 分
80 以上	4 小時 55 分	5 小時 25 分

* 年齡是以比賽當日（2019 年 4 月 15 日）去計算。

2020 年的 BQ 將再縮減 5 分鐘。

2019 年符合 BQ 者報名篩選機制

第一階段	9 月 11 日	比成績門檻快 20 分鐘以上者
	9 月 13 日	比成績門檻快 10 分鐘以上者
	9 月 15 日	比成績門檻快 5 分鐘以上者
第二階段	9 月 18 日～9 月 20 日	參賽名額未滿，會再開放給其符合 BQ 的跑者
第三階段	9 月 25 日	第二階段未滿，26 日會再開放給符合 BQ 的跑者

3.倫敦馬拉松 Virgin Money London Marathon

金氏世界紀錄最大的慈善募款活動。自一九八一年開始舉辦，主要贊助商為維珍理財，也稱為「維珍理財倫敦馬拉松」，每年皆會有許多明星以及社會名流參賽，同時倫敦馬也是 PB 賽道之一。

起跑路線會由倫敦的布萊克希斯格林威治公園出發，沿途能夠欣賞到倫敦塔橋、倫敦眼、大笨鐘、國會大廈、白金漢宮等倫敦名勝。每年的參加人數中，約有三分之二都是慈善名額，也有許多人會為募款而跑。

倫敦馬因為是全球最大的慈善派對，參加的跑者都會發揮創意玩角色扮演，為了豐富比賽體驗和增加捐款金額，主委會自二〇〇七年起與金氏世界紀錄聯合推出了 Cosplay 造型比賽；選手們可以將自己的造型及預計成績提前向金氏世界紀錄進行備案，比賽時，身著審核通過的 Cosplay 造型參加比賽，並且在預計時間內完賽，就可以獲得這個 Cosplay 造型的金氏世界紀錄。

舉辦時間	每年四月底
報名時間	每年約在賽事前一年的五月初開始接受報名
報名規則	網路登記抽籤制（另有慈善捐款名額可參加）
參賽費用	八十英鎊
關門時間	八小時
規　模	約四萬人
報名狀況	號稱最難抽的馬拉松大滿貫賽事，二〇一九年的倫敦馬中籤率為百分之四點一。

4. 柏林馬拉松 BMW Berlin Marathon

世界最速賽道，世界紀錄都在這個賽道產生。一九四七年開始舉辦，獲得國際田徑總會（IAAF）金牌等級認證的全程馬拉松，主要贊助商為寶馬（BMW），也稱為「BMW柏林馬拉松」。

由於柏林馬在公路上進行，賽道情況不同，之前有很長的一段時期沒有設立「世界記錄」，而只有「世界最佳成績」（或「最佳時間」）作為跑手的成績紀錄。直到二〇〇四年，國際田聯正式採用馬拉松世界紀錄。

柏林馬的賽道特色為平坦、坡度小，幾乎是柏油公路，所以是跑者最容易破 PB 的賽道。二〇一八年柏林馬冠軍肯亞籍選手 Eliud Kipchoge 跑出兩小時〇一分三十九秒的逆天成績，將世界紀錄再往前推進一分十八秒，平均配速每公里兩分鐘五十三秒，相當於以每一百公尺十七秒的速度連續跑四十二公里。

舉辦時間	每年九月最後一個星期日
報名時間	前一年的十月到十一月
報名規則	網路登記抽籤制（另有慈善捐款名額可參加）
參賽費用	一百二十五歐元
關門時間	六小時十五分
規　　模	四萬人
報名狀況	中籤率還滿高的大滿貫賽事，二〇一七到二〇一九年的中籤率約為三到五成。

5.芝加哥馬拉松 Bank of America Chicago Marathon

最親民、最容易參加的賽事。於一九七七年設立，現今美國銀行成為主要贊助商，官方冠名為「美國銀行芝加哥馬拉松」至今。

六大馬中，芝馬可說是誠意十足的賽事，主委會直接把整個市中心都拿出來跑，賽事路線充分展示了芝加哥城市景觀特色，跑友將穿越二十九個不同族裔的社區，感受多元的特色風情。

特別的是，芝馬為六大馬中女性跑者最多的賽事，可以說是最適合女生參賽的一場。賽道平坦、寬闊、舒適，是環狀賽道，起點與終點皆在格蘭特公園。

2019 芝加哥馬拉松保障名額申請資格

年齡	男子組	女子組
16-29	3 小時 10 分	3 小時 30 分
30-39	3 小時 15 分	3 小時 45 分
40-49	3 小時 25 分	3 小時 55 分
50-59	3 小時 40 分	4 小時 10 分
60-69	4 小時 00 分	4 小時 35 分
70-79	4 小時 30 分	5 小時 10 分
80 以上	5 小時 00 分	5 小時 45 分

舉辦時間	每年十月上旬
報名時間	前一年的十月底到十一月底
報名規則	一般名額為登記抽籤制；也可申請保障名額參賽（請見前頁下表）
參賽費用	兩百三十美金
關門時間	六小時三十分
規　模	約四萬五千人
報名狀況	為大滿貫系列中籤率最高的賽事，二〇一五年中籤率高達百分之六十三。

6. 紐約馬拉松 New York City Marathon

規模最大的賽事，設立於一九七〇年。紐約馬可以說是一場認識紐約的賽事，路線的最大特色是會經過五個大都會城區。起點是史泰登島區的韋拉札諾海峽大橋，途經布魯克林區，跨過新城溪上的普拉斯基橋進入皇后區，再跨越東河上的皇后區橋，進入知名的的曼哈頓。再沿第一大道向北，跨過威力斯大道橋、折返南下麥迪遜大道橋，再次回到曼哈頓，沿著著名的第五大道南下，進入中央公園抵達終點。

紐約馬也不乏有好萊塢明星參與其中，整個盛大的活動、嘉年華般的氣氛是它最大的魅力。

舉辦時間	每年十一月上旬
報名時間	前一年的一月中至二月中
報名規則	登記抽籤制，分為：紐約市民、美國人、海外人士三種抽籤身分（另有慈善捐款名額可參加）；也可持保障名額可參賽（請見下表）
參賽費用	海外人士三百五十八美金
關門時間	紐約馬因參賽人數過多，採分區起跑，大會表定於紐約時間晚上七點三十結束，回收車則是在最後一批起跑時間六小時三十分後開始收人。大會將視情況通融跑者完賽。
規模	超過十萬人
報名狀況	中籤率逐年降低，二〇一七年中籤率為百分之十七。特別要注意的是，紐約馬一旦中籤，無論有沒有決定參賽，都將直接收取報名費用。

紐約馬拉松保障名額資格標準

年齡	男子組	女子組
18-34	2 小時 53 分	3 小時 13 分
35-39	2 小時 55 分	3 小時 15 分
40-44	2 小時 58 分	3 小時 26 分
45-49	3 小時 05 分	3 小時 38 分
50-54	3 小時 14 分	3 小時 51 分
55-59	3 小時 23 分	4 小時 10 分
60-64	3 小時 34 分	4 小時 27 分
65-69	3 小時 45 分	4 小時 50 分
70-74	4 小時 10 分	5 小時 30 分
75-70	4 小時 30 分	6 小時 00 分
80+	4 小時 55 分	6 小時 35 分

* 所有申請優秀跑者認證、並符合資格的參賽者，最終能否獲得保障名額仍需透過優秀跑者專屬抽籤決定，未中籤者大會將自動將其列入一般參賽者，並透過正常程序進行抽籤。

附錄03

日本十大馬拉松推薦

*資料整理：跑玩日本粉絲團版主 Charles

地區	賽事名稱	地點	舉辦日期	報名方式	報名時間	完賽限時	全馬費用（日圓）	賽事特色
關東	**東京馬拉松**	東京都	三月初	抽籤	八月	七小時	一萬兩千八百元	世界六大馬之一，也是日本各地都市型馬拉松的始祖，堪稱當之無愧的日本第一馬拉松。
中部（近東京）	**富士山馬拉松**	山梨縣河口湖町	十一月底	先報先得	四月	六小時	一萬兩千八百元	盡享富士山、河口湖紅葉美景，接受報名時間較長，可彈性安排行程。
關西	**大阪馬拉松**	大阪府大阪市	十一月底	抽籤	四月	七小時	一萬三千元	關東跑東京，關西跑大阪，品味關東關西不同的人情味。
關西	**奈良馬拉松**	奈良縣奈良市	十二月初	先報先得	六月	六小時	九千元	賽道起伏大，但每年獎牌都融入不同的古都奈良元素，值得為拿獎牌而挑戰。

中部	**名古屋女子馬拉松**	愛知縣名古屋市	三月初	抽籤	九月	七小時	一萬兩千元	通過終點後由西裝型男為妳送上Tiffany完賽飾品，是女生初馬的首選。
北海道	**網走馬拉松**	北海道網走市	九月底	先報先得	四月	六小時三十分	八千元	終點有漂亮的向日葵花海迎接你，網走監獄製作的槐木完賽獎牌，每個木紋都是獨一無二。
東北	**東北風土馬拉松**	宮城縣登米市	三月底	先報先得	十一月	六小時	八千五百元	以美食美酒及扮裝為特色，競速不是重點，而是要好好享受當地的風土人情與佳餚美酒。
四國	**德島馬拉松**	德島縣德島市	三月中	先報先得	十一月	七小時	九千元	四國規模最大馬拉松，有熱情的阿波舞表演及當地美食補給，還有日航空姐加油團助陣。
九州	**指宿油菜花馬拉松**	鹿兒島縣指宿市	一月初	先報先得	十月	八小時	六千元	將近四十年歷史的老字號市民馬拉松，油菜花美景加上超乎想像的豐盛補給，跑完泡個砂浴更棒。
沖繩	**那霸馬拉松**	沖繩縣那霸市	十二月初	抽籤	六月	六小時十五分	六千五百元	與台灣馬拉松界交流歷史悠久的賽事，沿路有吃不完的私補，但要小心最後的關門。

一心文化　science 002
市民跑者之王：
波士頓馬拉松冠軍川內優輝打破常識的跑步訓練法
常識破りの川内優輝マラソンメソッド

作者　津田誠一
譯者　賴惠鈴
編輯　Pei Wu
美術設計　森白設計事務所
內頁排版　polly（polly530411@gmail.com）
出版　一心文化有限公司
電話　02-27657131
地址　11068 臺北市信義區永吉路 302 號 4 樓
郵件　fangyu@soloheart.com.tw
初版一刷　2019 年 01 月
初版五刷　2019 年 12 月

總 經 銷　大和書報圖書股份有限公司
電話　02-89902588
定價　320 元

國家圖書館出版品預行編目（CIP）

市民跑者之王：波士頓馬拉松冠軍川內優輝打破常識的跑步訓練法 /
津田誠一著；賴惠鈴譯 . -- 初版 . -- 台北市：一心文化出版：大和發行 , 2019.01
面；　公分

ISBN 978-986-95306-5-1(平裝)

1. 馬拉松賽跑　2. 運動訓練

528.9468　　107020637